8°R
19239

AF468997

A. S. GOLDENWEISER
Avocat à la Cour d'appel de Kiew

Le crime comme peine
La peine comme crime

Analyse du roman du Comte Léon Tolstoï

LA RÉSURRECTION

Lu à l'assemblée des avocats de Kiew

Traduit du russe

PAR

J. de JOUKOWSKY

PARIS (5e)
V. GIARD & E. BRIÈRE
LIBRAIRES-ÉDITEURS
16, Rue Soufflot et 12 rue Toullier
1904

Le crime comme peine
La peine comme crime

A. S. GOLDENWEISER
Avocat à la Cour d'appel de Kiew

Le crime comme peine
La peine comme crime

Analyse du roman du Comte Léon Tolstoï
LA RÉSURRECTION

Lu à l'assemblée des avocats de Kiew

Traduit du russe

PAR

J. de JOUKOWSKY

PARIS (5e)
V. GIARD & E. BRIÈRE
LIBRAIRES-ÉDITEURS
16, Rue Soufflot et 12 rue Toullier

1904

Le crime comme peine
La peine comme crime

Il y a des étoiles dont la lumière met des dizaines, des centaines d'années à nous parvenir. L'aspect sous lequel elles nous apparaissent n'est pas celui qu'elles présentent réellement à l'époque où on les observe, mais celui qu'elles avaient des dizaines, des centaines d'années auparavant, alors que s'échappaient d'elles les ondes lumineuses parvenues seulement à notre vue au moment de l'observation. Il est facile de se représenter que la lumière des rayons solaires, réfléchie par la terre, montre de même, du haut de ces étoiles, l'aspect de notre globe à une époque reculée de dix, cent ans du moment de l'observation. Mais cette lumière réfléchie atteignant les étoiles, est de nouveau rejetée par elles et, bien que très affaiblie, nous revient de nouveau, employant à ce nouveau trajet la même quantité d'années, dix, cent ans. Sur ce phénomène astronomique se base la fantaisie scientifique qui nous permettrait, un jour, à l'aide d'instrument d'optique sensiblement perfectionnés, de voir des événements lointains, comme s'ils se passaient devant nos yeux : il suffirait pour cela de viser avec l'appareil une étoile dont la lumière nous parvient après un trajet nécessitant un temps qui, multiplié par deux, nous donnerait exactement la période nous séparant de l'événement que l'on voudrait observer. Nous voudrions, par exemple, voir ce qui se passait sur la terre il y a de cela un siècle : il suffirait pour cela de trouver une étoile dont la lumière met cinquante ans à nous parvenir et nous serions transportés alors à l'époque voulue, car nous verrions l'astre tel qu'il était il y a cinquante ans, alors qu'à cette époque il recevait de la terre des rayons qui avaient mis également un demi-siècle à lui parvenir, c'est-à-dire que nous verrions les rayons réfléchis par cette étoile et qui émanaient de notre globe il y a un siècle.

Possédant un semblable appareil perfectionné, il serait intéressant de viser une étoile dont les rayons réfléchis nous montreraient les événements qui se passaient à Madrid le 30 mai 1680. On célébrait ce jour-là le mariage du roi Charles II avec Marie-Louise d'Orléans, et, pour signaler cette cérémonie, dix-neuf hérétiques devaient être brûlés vifs en présence des jeunes époux. La procession nous aurait paru bien imposante.

Le grand inquisiteur de Tolède ouvrait la marche. A sa suite venaient : le chœur de la chapelle royale chantant le « Miserere », le chef des Dominicains accompagné de trois moines, la croix verte (emblème de l'Inquisition) crêpée de deuil, les juges et les censeurs, les représentants de la science, les nobles, les membres de l'Inquisition portant des cierges de cire verte allumés, la croix blanche, les serviteurs du Tribunal de l'Inquisition porteurs de cierges de cire blanche, les inquisiteurs, les Dominicains, les Franciscains, les Carmélites, les Trinitaires, les frères de la Miséricorde, les frères déchaussés, le marquis de la Vega, le chevalier de l'ordre de Saint-Jacques, le duc de Medinacelli, les étendards de la Sainte-Hermandad, le marquis de Cagoulado, les orphelins, les enfants trouvés. Cette procession de sept cents personnes se terminait par cinq porteurs des emblèmes de l'Inquisition.

La procession atteint la place du marché.

Le grand inquisiteur, porté sous un dais, descend de son siège et s'avance vers un autel élevé sur la place. On lui passe le surplis de cérémonie. Il dit un *Te Deum*. Ensuite un moine dominicain prononce un sermon sur le texe : Lève-toi, ô Eternel ! et disperse tes ennemis. Après cette cérémonie a lieu la lecture de l'arrêt. Les condamnés sont amenés sur la place et enfermés chacun dans une cage. A l'appel de leurs noms, un homme et une femme demandent grâce à grands cris, en s'accusant de leurs fautes et consentant à toutes les exigences du Tribunal. On leur accorde la vie, commuant la peine de mort en une détention perpétuelle. Après cela les dix-neuf condamnés sont montés dans leurs cages sur un échafaud. Le bourreau les en fait sortir un à un et les attache par des colliers de fer à des poteaux entourés de bûches et de bois mort. Le premier tison est lancé sur l'échafaud au nom du Roi, et bientôt des langues de feu embrassent les poteaux et les victimes qui y sont attachées.

Malgré le soleil ardent et la chaleur étouffante, le Roi reste à son poste d'honneur jusqu'à la fin de l'exécution. A neuf heures seulement le dernier hérétique expire dans d'horribles souffrances. Toute la nuit on remue encore les braises et ce n'est que vers le matin que l'échafaud est recouvert d'une épaisse couche de terre.

Qu'aurions-nous ressenti en assistant pour ainsi dire à ce spectacle depuis longtemps écoulé ?

Frissonnant d'horreur, nous aurions sans doute particulièrement accordé notre attention à l'examen des physionomies des acteurs de ce drame, cherchant à pénétrer les pensées et les sentiments qui les agitaient pendant l'accomplissement de leur œuvre barbare. Nous n'aurions pourtant rien vu de semblable à ce que nous éprouvons aujourd'hui en contemplant ce spectacle. Chacun des personnages cherche à remplir le mieux possible son rôle dans la cérémonie avec le sérieux et la solennité qu'elle comporte. Nous n'aurions remarqué dans leurs traits aucune altération qui nous permît de supposer qu'au fond de leur âme s'éveillaient des doutes sur la justice du châtiment infligé à leur malheureux prochain et auquel eux-mêmes prenaient part. Au contraire. A leur aspect calme et à l'indifférence dont ils font preuve pendant le reste de la cérémonie, à l'exception de la partie dans laquelle ils jouent un rôle, on peut conclure que chacun d'eux, remplissant ce devoir qui lui est familier, est occupé uniquement de l'impression qu'il produit lui-même ou pense à des choses complètement étrangères, ne se tourmentant guère par des réflexions sur le sens et l'importance de l'acte qu'il accomplit conjointement avec les autres.

Voilà le sentiment que chacun de nous aurait éprouvé à ce spectacle, maintenant que deux cent vingt ans se sont écoulés depuis lors et que nous le contemplons avec des yeux de gens ayant compris, grâce au progrès et au développement de la culture depuis cette époque, toute la barbarie et toute la fausseté de cette justice qui s'accomplissait alors avec une foi aveugle dans son équité et son but utilitaire. Plus on apportait alors de sérieux à l'accomplissement de ces actes de barbarie, plus nous apparaît terrifiante aujourd'hui l'évidence de leur ineptie.

Aux suppositions que nous venons d'émettre, il nous reste à ajouter celle d'un individu qui aurait les mêmes sentiments que ceux dont nous faisons preuve aujourd'hui, qui les aurait non rétrospectivement ainsi que nous, mais qui les éprouverait au moment même du spectacle : d'un contemporain qui alors se serait élevé déjà jusqu'à la manière de voir que l'humanité n'a atteinte que bien des siècles plus tard, d'un individu enfin qui, non seulement par ses idées, mais par tous ses sens, tout son être, aurait assez devancé son époque pour envisager dès alors ces barbaries comme nous les envisageons à présent et nous aurons le vrai point d'appui pour bien comprendre l'impression faite sur l'âme de Tolstoï par le tribunal criminel moderne qu'il a si sincèrement et si véridiquement dépeint dans la scène du jugement de la fille Maslow : dans ce jugement, il voit et il ressent dès à présent ce que ne verront et ne ressentiront que plusieurs générations à venir.

Si l'appareil fantastique dont nous avons parlé plus haut, joignait à ces qualités celles du phonographe et pouvait reproduire des scènes depuis longtemps écoulées, en rapportant également les discours de leurs acteurs, il vaudrait la peine de le braquer spécialement sur une étoile qui nous permettrait de nous transporter, pour quelque temps, dans la vivante réalité des événements qui se passaient en Suisse, dans les vingtièmes années du XVIe siècle, à l'évêché de Olten. A cette époque les souris se multiplièrent d'une façon si prodigieuse, dévastant les champs, que les habitants, menaçées de famine par ce fléau vivant, s'adressèrent au clergé en le priant d'excommunier ces rongeurs. Une plainte formelle fut déposée contre eux, ils furent assignés au tribunal. Comme les souris ne se présentèrent pas, leur absence fut tournée en leur défaveur, et l'accusateur demanda de passer directement à l'arrêt. Le tribunal donna un défenseur officiel aux souris dans la personne du célèbre avocat Barthélémy Chassanée. Si notre appareil nous retraçait exactement tout le procès, nous entendrions l'accusateur prononcer, au nom des habitants lésés, le discours suivant :

« Messieurs ! les pauvres gens qui se tiennent « devant vous, les larmes aux yeux, ont recours « à votre justice, comme dans l'antiquité, les « habitants des îles Majorque et Minorque, deman- « dant à Auguste César de leur donner des soldats « pour les défendre contre la multitude de lapins « qui dévastaient leurs récoltes. Vous possédez « de meilleurs armes que les soldats de cet empe- « reur et vous êtes plus à même de protéger ces « pauvres gens du besoin et de la famine qui les « menacent par les dégâts que causent ces ani- « maux ne respectant ni le grain, ni les vignes. « Un désastre les menace, semblable à celui que « fit le sanglier, dont parle Homère dans l'Illiade, « en dévastant les champs, les vignobles et les « forêts du Kayanme de Calidon, ou le renard que « Phémis envoya à Thèbes. Vous connaissez tout « le mal qu'occasionne la famine dans une con- « trée. Les mères dont parle le IVe livre des Rois, « qui entre dévoraient leurs enfants peuvent vous « en servir de témoignage. Les renseignements « que vous avez fait prendre et les constatations « opérées par vos ordres vous ont permis d'appré- « cier tout le mal que causent ces animaux. Les « formalités nécessaires étant donc remplies, il « ne vous reste plus qu'à prononcer un arrêt équi- « table. Les habitants vous prient d'ordonner aux « animaux d'abandonner ces lieux et de se reti- « rer dans le quartier qui leur est assigné ; ils « demandent également de faire faire les actes « religieux prescrits par notre mère la Sainte-

« Eglise, lés réclamations étant justes et raisonna-
« bles, vous prononcerez certainement un arrêt
« en conséquence ».

En réponse à ce discours nous aurions entendu le défenseur parler en ces termes :

« Messieurs ! M'ayant choisi comme défenseur
« de ces pauvres animaux, vous voudrez bien me
« permettre de défendre leurs droits et de prou-
« ver que les formalités dirigées contre eux
« n'ont aucune valeur ». Démontrant ensuite, par des lieux communs, que les accusés, étant des animaux privés do raisonnement, ne peuvent commettre de crime et que, par conséquent, aucune peine ne peut leur être applicable, le défenseur passe aux citations tirées des textes sacrés et des auteurs classiques, s'écriant avec emphase : « Ces
« animaux commettent des actes parfaitement
« autorisés par le droit divin, car il est dit dans
« l'Ecriture que les fruits de la terre ont été créés
« pour les hommes et les animaux, et ces derniers
« ont donc aussi bien le droit de s'en nourrir. Ces
« animaux obéissant aux lois de Dieu et de la
« Nature ne commettent aucun crime et n'ont pas
« lieu, par conséquent, d'être livrés à l'anathème
« ou condamnés à une peine quelconque. Enfin, le
« tribunal doit avoir en vue qu'en prononçant
« l'excommunication, il se place en travers de la
« volonté divine, car les animaux ont été créés par
« Dieu pour punir les hommes de leurs péchés. Il
« faut donc mettre fin à ce procès et c'est dans ce
« sens que je demande le Tribunal de se prononcer. »

Il ne faut pas croire que ceci soit une chinoiserie ou un jeu d'enfants, loin de là. Ces citations sont tirées de procès-verbaux d'un tribunal compétent composé de grandes personnes. Les procès contre les animaux, les mouches cantharides, les chenilles, les souris, les taupes, etc., existaient réellement. On possède même un manuel détaillé pour ce genre de procès, édicté par ce même Barthélémy Chassanée, avec l'exposé des détails de procédure et de pratique judiciaires. Les défenses de Chassanée dans ce genre de procès servirent de commencements à sa renommée qui l'a placé au premier rang de la magistrature véritable, c'est-à-dire de celle qui s'occupe des hommes et non des animaux.

Supposons encore que nous assistions aux débats d'un de ces procès. Nos sensations nous feraient soupçonner alors ce que renferment pour Tolstoï, dont le coup d'œil a dépassé toutes nos conceptions, les procédures et les formes judiciaires du tribunal moderne qu'il est admis de considérer aujourd'hui comme une institution accomplissant rationnellement une œuvre nécessaire, par l'application du châtiment criminel.

Dans la scène du jugement, par exemple, Tolstoï nous montre d'un coup, avec une évidence frappante, le côté faible de la justice criminelle qui devrait sauter aux yeux d'un observateur libre de toute routine et qui passe inaperçu de tout le monde. En effet : du moment qu'il est question d'un crime et du jugement de ses auteurs, il semblerait que la raison faisant agir des hommes réunis dans ce but, devrait être basée naturellement sur la pitié qu'inspire la victime, d'une part, et l'intérêt au sort de l'assassin, de l'autre. En réalité le tableau du jugement ne présente rien de semblable. Tout ce qui se dit ou s'écrit concernant la victime n'engendre que du dégoût chez les auditeurs. Prenons par exemple la lecture du procès-verbal de la constatation de l'état du cadavre :

« Taille de Féraponte Smelkow, 2 archines « 12 verschoks (« Un gaillard, tout de même » « murmura le juré-marchand à l'oreille de Nekludoff, d'un air préoccupé).

« La victime paraît âgée d'une quarantaine « d'années.

« Le cadavre est gonflé.

« Les tissus sont partout de couleur verdâtre, « piquée par places de taches sombres.

« La peau sur toute la surface du corps est boursouflée, formant des ampoules de différentes « dimensions, elle est détachée par places, pendant sous la forme de loques. Les cheveux sont « d'un blond foncé, épais et se détachent facilement « du cuir chevelu dès qu'on les touche. Les yeux « sont sortis de leurs orbites et la cornée en est « terne.

« Un liquide mousseux, séreux, s'écoule des « narines, des oreilles et de la bouche restée « entr'ouverte.

« On ne remarque presque pas de cou par suite « du gonflement de la face et de la poitrine ».

Ou encore le procès-verbal de l'analyse des viscères de la victime, qui semblent même n'avoir pas été renfermées dans le corps mais dans des bocaux de divers calibres :

« Le 15 février 18...., commença le secrétaire « d'un ton déterminé, haussant le diapason de sa « voix comme pour chasser le sommeil qui enva- « hissait les auditeurs, je soussigné ai procédé, « par ordre de la section médicale 638 et en « présence de l'aide du médecin-inspecteur, à « l'analyse :

« 1) Du poumon droit et du cœur (dans un bocal « de verre de 6 livres) ;

« 2) Du contenu de l'estomac (dans un bocal de « verre de 6 livres) ;

« 3) De l'estomac même (dans un bocal de verre « de 6 livres) ;

« 4) Du foie, de la rate et des rognons (dans un « bocal de verre de 6 livres) ;

« 5) Des intestins (dans un pot de grès de trois « livres), etc. »

Pas un mot convenable n'est dit pendant ces discussions des accusés, de leur passé, de leur présent, de leur triste biographie ou du sort qui les attend. Pour Tolstoï, il est clair que l'œuvre de justice s'accomplit non par impulsion d'intérêt mais uniquement pour des motifs égoïstes : il faut mettre au plus vite ces gaillards-là à l'ombre s'ils ont commis ce crime, autrement ils pourraient bien assassiner aussi chacun de nous.

C'est cette indifférence à tout ce qui ne concerne

pas leur personne qui se manifeste par leur disposition d'esprit et leurs pensées, différemment chez les juges, habitués à leur travail journalier et chez les jurés qui sont en rapports plus directs avec l'œuvre de justice qui s'accomplit devant eux. Les juges sont capables de penser à leurs affaires et à leurs soucis sans s'occuper le moins du monde de ce qui se passe autour d'eux ; les jurés réagissent davantage sur les faits établis par l'enquête, mais comment ?

« On voit qu'il buvait sec » remarque le juré-marchand à la lecture de ce que l'estomac de la victime renfermait une grande quantité de vin. Ou bien : « En voilà un doigt ! » dit le même juré en essayant à son doigt la bague figurant sur la table parmi les pièces à conviction, et en regagnant sa place, « de la grosseur d'un bon concombre » ajoute t-il, s'amusant évidemment à l'idée de géant qu'il s'était faite du marchand empoisonné. Cette réaction, comme on le voit, a peu de rapports avec un intérêt quelconque au sort de la victime. Ce joyeux juré sympathisait évidemment au passe-temps du sieur Smelkow. « Il faisait rudement la noce tout de même, à la sibérienne ! Et il n'avait pas mauvais goût, non plus, quelle fillette il s'est payé ! » pérore-t-il dans la chambre des délibérations.

Les prévenus sont derrière une grille, surveillés par des gardiens ; de cette façon les juges peuvent en toute sécurité satisfaire leur curiosité en les observant comme des animaux dans une ménagerie.

Tolstoï ne peut se faire à l'idée que personne ne songe à l'importance infiniment grande et à l'inaccessibilité, pour un simple mortel, du rôle dont se charge un individu, en déclarant audacieusement devant le Tribunal que son prochain devrait être séparé de sa famille et de ses semblables pour être soumis aux tortures d'un régime douloureux et à des travaux forcés pendant un certain nombre d'années.

A ses yeux, les juges ne s'intéressent pas davantage à l'accusé que les croque-morts au cadavre qu'ils accompagnent au cimetière.

Le bureau des pompes funèbres s'occupe-t-il à résoudre la question de l'existence et de la marche mystérieuse des choses amenant la fin de tout et les conséquences qui sont liées pour l'humanité à l'inévitabilité de la mort? D'après Tolstoï le tribunal criminel moderne se préoccupe juste autant du point capital du crime et de l'âme du délinquant : il ne fait qu'enterrer les sujets livrés à sa justice et rien de plus.

La critique s'est placée au point de vue de Tolstoï jugeant les juges et le tribunal. Il n'en est rien. Tolstoï ne fait que nous montrer le dehors et le dedans du tribunal et rien d'autre. Chez Tolstoï, la confusion des questions posées au jury nous montre non le résultat fâcheux qu'on obtiendrait en omettant d'observer un § 760 quelconque du Code pénal, mais combien est futile tout ce dont s'occupent les jurés, même quand les questions leur sont posées de la manière la plus correcte.

Tout cela resterait également inepte même si Catherine Maslow était acquittée. Ce n'est pas l'erreur judiciaire qui intéresse Tolstoï, mais l'erreur d'un sentiment moral qui admet un tribunal criminel, quel qu'il soit. Il s'arrête le moins sur la description des souffrances morales que doit endurer l'accusée se sentant victime d'une erreur judiciaire. Rappelons-nous sa conversation avec Nekludoff dans l'infirmerie de la prison, quand revenant de la campagne, ce dernier lui remet une photographie qu'il y a retrouvée.

« Haussant ses noirs sourcils, elle lui jeta un « regard étonné de ces yeux qui louchaient un « peu, comme pour lui demander « A quoi bon ? » « et sans mot dire elle prit l'enveloppe et la cacha « dans son tablier.

« — J'ai vu là-bas votre tante, dit Nekludoff.

« — Vous l'avez vue ? demanda-t-elle avec « indifférence.

« — Etes-vous bien ici? reprit Nekludoff.

« — Assez bien, répondit elle.

« — Cela ne vous semble pas trop pénible?

« — Non. Je n'y suis pourtant pas encore habi- « tuée.

« — Je suis bien content pour vous. C'est tou- « jours mieux que là-bas.

« — Où-çà, là-bas ? dit-elle, et son visage « s'empourpra.

« — Là-bas, en prison, se hâta de répondre « Nekludoff.

« — En quoi donc est-ce mieux ici ? fit-elle.

« — Je suppose que les gens y sont meilleurs,
« il n'y en a pas de semblables à ceux de là-bas.

« — Il y en a beaucoup de bons, là-bas, dit-
« elle.

« — Je me suis occupé des Menschoff, reprit
« Nekludoff, et j'espère qu'on les mettra en liberté.

« — Que Dieu fasse ! c'est une si brave vieille,
« dit-elle en répétant une seconde fois la qualifica-
« tion qu'elle venait de donner à la vieille femme
« et sourit faiblement.

« — Je pars bientôt à Saint-Pétersbourg. Votre
« affaire passera sous peu et j'espère que l'arrêt
« en sera révoqué.

« — Qu'il le soit ou non, maintenant ça m'est
« égal, dit-elle. »

Toute la vigueur de l'image que Tolstoï nous fait de l'intéressante figure de Catherine Maslow est justement dans ce que son acquittement n'apporterait moralement aucun changement à sa position.

Ni le procureur exigeant la condamnation de l'accusé, ni le défenseur réclamant son acquittement, ni le tribunal le condamnant ou l'acquittant, personne ne faisant ce qu'il serait réellement nécessaire de faire soit pour sauver le malheureux de sa perte soit pour garantir la société : voilà l'impression que produit sur Tolstoï le tableau du tribunal, voilà ce « quelque chose » que sentait Nekludoff, que Tolstoï voit dans l'œuvre du tribunal et dans l'application du châtiment, et ce que les autres ne voient pas.

Le tribunal que l'auteur a choisi est le plus parfait qu'ait imaginé l'humanité et voilà l'impression qu'il produit.

La raison qui fait que chacun des participants au jugement s'occupe dans son for intérieur de choses étrangères, provient de ce que tous prennent part, dans l'intérêt d'une soi-disant justice, à un travail indifférent à la vie morale de l'accusé : ce qui est surtout particulièrement caractéristique c'est que, la plupart du temps, chacun est absorbé par ses propres affaires ou des intérêts étroitement égoïstes, pendant qu'au dehors il accomplit un acte nécessitant la plus grande somme possible de sentiments altruistes (si toutefois le tribunal criminel est vraiment basé sur l'intérêt à la victime, à la société et à l'accusé).

Tout l'artifice du résultat qu'obtient la justice criminelle se manifeste, selon Tolstoï, par ce que les détenus, les déportés, les forçats livrés à la justice et qui, à l'idée de la loi, devraient éprouver un sentiment particulier, un je ne sais quoi qui les régénérât, ne ressentent, étant soumis au régime forcé, rien d'approchant et restent, dans leurs manifestations, eux-mêmes, semblables aux autres hommes et tels qu'ils étaient avant. Mais ceux qui cessent réellement d'avoir une ressemblance quelconque avec un être humain sont les individus auxquels on confie la garde des détenus et la mise en pratique de ce que le Code pénal entend par l'application du châtiment : les soldats d'escorte, les geôliers, les inspecteurs, les surveillants, les gendarmes. En leur imposant un devoir rebutant la nature humaine, son accomplissement ne peut être qu'une fausseté qui se reflète dans la personne de son exécuteur. Voici, à ce sujet, le raisonnement de Nekludoff :

« Tout le mal provient de ce que les hommes « croient qu'il existe des situations permettant de « se comporter avec son prochain sans amour : « ces situations n'existent pas. On peut se com- « porter sans lui avec des choses inanimées : « abattre des arbres, faire des briques, forger du « fer sans amour, mais avec les hommes il est im- « possible de se comporter sans lui, de même qu'il « est impossible de s'approcher sans prudence des « abeilles. C'est une particularité qui leur est « propre. Si l'on se comportait avec elles impru- « demment, on leur ferait du tort et à soi-même « également. Il en est de même des êtres hu- « mains. Et il ne peut en être autrement, car « l'amour envers son prochain est la loi fonda- « mentale de la vie humaine. Il est vrai que « l'homme ne peut se forcer à aimer comme il « peut se forcer à travailler, mais il n'en résulte « pas qu'on puisse se conduire, sans amour, « envers ses semblables, surtout si l'on exige « d'eux quelque chose. Ne ressentant pas d'amour « pour son prochain, on doit rester tranquille, « s'occuper de soi-même, des objets qui vous « entourent, de tout ce que l'on veut : à l'excep- « tion des hommes. Dès que l'on se permet de se « comporter avec ses semblables sans amour, la

« cruauté et la barbarie n'ont plus de limites. »

Les personnalités des exécuteurs du châtiment sont dépeintes dans ce sens, dans plusieurs scènes du roman. Par exemple :

« — Ne puis-je parler à Menschoff dans sa cel-« lule ? demanda Nekludoff à l'inspecteur.

« — Mais dans la salle commune vous serez bien « mieux.

« — Non. Cela m'intéresse.

« — Il y a vraiment bien de quoi s'intéresser.

« En ce moment, un officier élégamment mis, « le sous-inspecteur, entra par une porte laté-« rale.

« — Conduisez le prince dans la cellule de « Menschoff, cellule 21, dit l'inspecteur à son « aide, et ensuite au bureau.

« Le sous-inspecteur était un jeune officier « blond, aux moustaches cirées, répandant autour « de lui une forte odeur d'eau de cologne fleurie.

« — Suivez-moi, Monsieur, dit-il en s'adressant « à Nekludoff avec un sourire aimable. — Vous « vous intéressez à notre établissement ?

« — Oui, et surtout à cette accusée qui, m'a-t-« on assuré, est innocente.

« Le sous-inspecteur haussa les épaules :

« — Oui, cela arrive, dit-il calmement, en fai-« sant poliment passer le premier, le visiteur, « dans un large couloir empesté. — Ils mentent « aussi parfois. Passez, s'il vous plait... »

Ou bien l'entrevue de Nekludoff à Saint-Pétersbourg avec le général de gendarmerie ;

« — Il a besoin de livres scientifiques, dit
« Nekludoff, il désire travailler.

« — N'en croyez rien. Le général fit une pause.
« Ce n'est pas pour travailler, mais seulement
« pour causer un dérangement.

« — Pourtant il faut bien occuper le loisir de
« leur pénible situation.

« — Ils se plaignent constamment, dit le géné-
« ral. Nous les connaissons bien, allez !

« Il parlait d'eux comme d'une race mauvaise,
« d'individus à part.

« – Ils ont ici des commodités que vous rencon-
« treriez rarement dans les lieux de détention,
« continua le général.

« Et, comme cherchant à se défendre, il se mit
« à énumérer toutes les douceurs dont jouissaient
« les détenus, comme si le but principal de l'éta-
« blissement consistait à organiser pour ses pen-
« sionnaires un séjour agréable.

« Le général, comme presque toutes les vieilles
« gens, tombant sur un sujet appris par cœur,
« répétait ce qu'il avait déjà dit maintes fois pour
« prouver les exigences et l'ingratitude des con-
« damnés.

« — On leur donne des livres de piété et des
« vieux journaux. Nous possédons une bibliothè-
« que. Seulement ils lisent rarement. D'abord, ils
« semblent s'intéresser à la lecture, ensuite les
« livres nouveaux restent les feuillets non coupés
« jusqu'à la moitié du volume, et les anciens, les
« pages pas même tournées ; nous avons même

« fait des expériences — dit-il avec une grimace « rappelant de très loin un sourire — en plaçant « un bout de papier entre les pages : le signet « n'était jamais retiré. Il ne leur est pas non plus « défendu d'écrire, continua le général. On leur « donne des ardoises et des crayons, afin qu'ils « puissent se distraire en écrivant. Ils peuvent « effacer et écrire de nouveau. Ils n'écrivent pas « non plus. Du reste, ils deviennent très vite « calmes. Ils ne s'inquiètent que dans les com- « mencements, et ensuite ils engraissent même « et deviennent très tranquilles, dit le général, « ne soupçonnant pas l'effrayante signification « qu'avaient ses paroles. »

Ou encore le personnage mémorable de l'officier d'étape. « Quand on vit dans cette Sibérie on est « heureux de rencontrer un homme instruit. Notre « service vous le savez vous-même est des plus « tristes, et quand on est habitué à autre chose, « c'est très pénible. On est accoutumé de nous con- « sidérer, nous autres officiers de convoi, comme « des gens grossiers, ignorants, et personne ne « pense qu'on pourrait être né pour tout autre « chose.

« La figure rouge de l'officier, l'odeur dont il se « parfumait, sa bague et surtout son rire désa- « gréable dégoûtaient Nekludoff, qui pourtant « l'écoutait avec attention.

« Ayant entendu l'officier et compris son état « d'âme il dit sérieusement :

« — Je pense que dans votre situation même

« vous pourriez trouver une satisfaction, en allé-
« geant les souffrances des individus confiés à
« votre garde.

« — Est-ce qu'ils souffrent ?! C'est un peuple
« comme ça. Ayant dit ensuite quelques mots de
« sa pitié pour les détenus (à laquelle, disait-il, les
« autres officiers étaient étrangers) il voulut à
« toute force faire entendre à Nekludoff, l'histoire
« piquante d'une déportée qui s'appelait Emma,
« native de Hongrie, et qui avait de grands yeux
« de persane ».

Les ordres que donne le brigadier du poste où vient d'être transporté un déporté mort d'une insolation, se rapportent au même genre d'impression : « Qu'on le transporte à la morgue dit le
« brigadier, — toi viens à la chancellerie pour
« signer — ajouta-t-il en s'adressant au soldat
« d'escorte qui était resté tout le temps auprès du
« détenu ».

Tout le personnage est dépeint en deux mots :

« — Qu'est-ce que c'est que ce rassemblement ?
« se fit entendre tout à coup une voix décidée, et
« le brigadier, vêtu d'un sarrcau de toile extraor-
« dinairement propre et éblouissant et chaussé de
« bottes plus éblouissantes encore, s'avança à
« pas rapides vers le groupe formé autour du
détenu.

« — Circulez ! vous n'avez rien à faire ici, cria-
« t-il au groupe, avant même de savoir pourquoi
« le peuple s'était rassemblé. S'étant approché il
« aperçut le prisonnier expirant et fit de la tête un

« signe approbateur, comme s'il s'attendait juste-
« ment à cela ».

Une disposition marquée à l'élégance est un des traits typiques de ces personnages. Ils semblent se distinguer sinon par toute leur toilette, du moins par le vernis de leurs chaussures :

« S'étant approché et ayant reconnu Nekludoff
« (tout le monde à la prison le connaissait déjà) le
« sous-officier porta la main à son képi et s'arrê-
« tant devant lui, prononça :

« — Impossible maintenant. Vous pourrez à la
« gare, ici c'est défendu. Ne demeurez pas en ar-
« rière, avancez! cria-t-il aux prisonniers et, fière-
« ment, malgré la chaleur, il se mit à courir dans
« ses élégantes bottes neuves pour regagner sa
« place ».

Ces chaussures, ces moustaches cirées, l'odeur d'eau de cologne fleurie, tous ces détails font ressortir la fausseté de la situation, de même que renforcent l'impression de fausseté dans la position d'individus sous les verrous, les sons retentissants dans les murs de la prison, de l'étude de Clémenti ou de la brillante rapsodie de Liszt, artistement exécutée mais toujours interrompue à un même endroit semblant ensorcelé.

Non seulement est fausse la position de ceux que la loi place auprès des détenus, mais encore celle des personnes qui les approchent du dehors, malgré leurs bonnes intentions de soulager le sort des prisonniers par des secours matériels ou moraux. Le représentant de la Société biblique anglaise, par exemple, est purement comique. Tout ce qu'il y a d'artificiel et d'affecté dans Nekludoff est la suite naturelle du rôle artificiel qui lui est échu et qu'il remplit volontairement :

« Bien que ce spectacle fût familier à Nekludoff « et qu'il eût l'occasion, pendant ces trois mois, de « voir les mêmes 400 détenus criminels dans les « situations les plus diverses : pendant la grande « chaleur, dans un nuage de poussière qu'ils sou- « levaient en traînant leurs pieds chargés de fers ; « pendant les haltes sur la route, et, quand la tem- « pérature le permettait, aux étapes en plein air, « où se passaient d'effrayantes scènes de dépravation, « tion, il éprouvait malgré cela, chaque fois qu'il « pénétrait dans leur milieu et qu'il sentait, comme « à présent, que leur attention était concentrée sur « lui, un sentiment pénible de culpabilité et de « honte envers eux. Ce qui lui était le plus péni- « ble, c'est qu'à cette sensation de culpabilité et « de honte venait s'ajouter un sentiment insur- « montable de dégoût et d'horreur. Il savait que « dans la position où ils étaient mis, ils ne pou- « vaient être autrement qu'ils l'étaient, et pourtant, « il ne parvenait pas à surmonter son dégoût ».

C'est de ceux qui sont d'un esprit plus fort et qui s'adressent aux détenus, non du dehors, mais enfermés comme eux et avec eux, que vient réellement la lumière. La position de Catherine Maslow, moralement rendue très pénible en route par « les hommes dégoûtants, qui, semblables aux insectes, bien que remplacés par d'autres à chaque étape, étaient toujours aussi importuns, aussi collants et ne lui donnaient pas de repos », s'adoucit seulement par « son intimité avec Théodosie et Taras, qui, ayant appris les agressions que subissait sa femme, s'était fait arrêter pour pouvoir la protéger et depuis Nijni suivait le convoi en qualité de détenu ». Le rajeunissement, la résurrection de son âme puisèrent leur source dans son passage au groupe des condamnés politiques. « Les rapports avec ses nouveaux compagnons lui ouvrirent des horizons d'intérêts dans la vie, dont elle n'avait aucune idée. Non seulement elle ne connaissait pas, mais elle ne pouvait s'imaginer qu'il existât des gens aussi « braves » comme elle les nomme, que ceux parmi lesquels elle se trouvait à présent ».

« — Tenez, en voilà une qui a pleuré parce que « j'étais condamnée, disait-elle. Je dois être recon- « naissante toute ma vie. J'ai appris ce que je n'au- « rais jamais soupçonné.

« Elle était dans le ravissement de tous ses nou- « veaux compagnons ; mais plus que tous elle « admirait Marie Pavlovna, qu'elle se prit à aimer « d'un amour à part fait de respect et d'enthou- « siasme. Ce qui l'étonnait surtout, c'était que « cette jolie jeune fille, fille d'un riche général, « parlant trois langues, se conduisait comme la « plus simple ouvrière, abandonnait aux autres « tout ce que lui envoyait son riche frère, s'habil- « lait et se chaussait pauvrement, ne faisant aucune « attention à son extérieur.

« Dès qu'elle la connut, Katucha remarqua que « partout où elle se trouvait, dans n'importe « quelles circonstances elle ne pensait jamais à « elle-même et n'était préoccupée que du soin de « venir en aide à quelqu'un d'une façon ou d'une « autre. Tout l'intérêt de son existence, comme « l'est pour un chasseur celui de découvrir du « gibier, consistait pour elle à trouver l'occasion « de se rendre utile à quelqu'un. Ce genre de sport « tourna en habitude, se fit le but de sa vie. Et elle « accomplissait cela si naturellement que tous ceux « qui la connaissaient finissaient par ne plus l'ap- « précier et l'exigeaient simplement ».

Il ne faudrait pas conclure que ces lignes sont l'apothéose des condamnés politiques. Nullement. A l'opinion de Tolstoï, ils sont également des égarés. Mais, d'après lui, la prérogative de leur conduite consiste en ce qu'ils sont des pionniers de l'idée pour elle-même, et qu'ils lui servent non comme des maîtres, des prédicateurs, des dirigeants ou des philanthropes, mais comme des amis, des compagnons de travail et de souffrances. L'absence de ce droit dans l'activité de Nekludoff est la raison fondamentale du manque de satisfaction que lui-même et que les autres pressentent de ses actions généreuses : ceci se remarque non seulement dans ses rapports avec les prisonniers, mais encore, par exemple, lorsqu'il abandonne ses terres aux paysans de Kousminskoé.

« Tout s'arrangea comme s'y attendait et le dési- « rait Nekludoff : les paysans acquérirent la terre

« 3 0/0 meilleur marché qu'elle ne se donnait dans « le district ; le revenu de ses biens en diminua « presque de moitié, mais néanmoins suffisait « amplement à Nekludoff. Tout semblait donc par- « fait et Nekludoff ressentait comme une espèce de « honte. Il voyait que les paysans, malgré les « remercîments que certains d'entre eux lui pro- « diguaient, étaient mécontents et s'attendaient à « davantage. Il en résultait qu'il s'était privé de « beaucoup et qu'il n'avait pas fait pour les paysans « ce qu'ils attendaient de lui ».

Tolstoï nous dépeint les condamnés politiques sous un jour tout à fait prosaïque. Dans la scène, par exemple, où Nekludoff visite pour la première fois la Bogodouchowsky, en prison :

« Elle lui racontait cela, convaincue évidem- « ment, qu'elle l'intéressait et qu'il lui était agréa- « ble de connaître le secret de la souveraineté du « peuple.

« Pendant qu'elle parlait, Nekludoff regardait « son cou maigre, ses rares cheveux emmêlés et « se demandait pourquoi elle faisait et racontait « tout cela. Elle lui faisait pitié, mais d'une autre « façon que Menschoff — paysan jeté dans une « prison infecte sans n'avoir rien commis. Elle lui « faisait surtout pitié par le galimatias évident « dont sa tête était farcie. Elle se croyait évidem- « ment une héroïne prête à sacrifier sa vie au « succès de sa cause et elle aurait à peine pu expli- « quer, pourtant, quelle était cette cause et en quoi « consistait son succès ».

Tolstoï ne caractérise pas plus flatteusement l'un des meneurs parmi les déportés politiques — Novodvovir (1).

Leur caractère général est dépeint dans le roman sous un point de vue assez répandu, mais avec cette différence que cette peinture est exécutée avec le grand art qui est propre à Tolstoï et dont on peut dire ce qu'il dit lui-même de l'influence d'une pluie d'été sur le paysage : dans ses images tout est recouvert pour ainsi dire d'un vernis, le vert semble plus vert, le jaune plus jaune, le noir plus noir.

« Quand il les connut de plus près, Nekludoff se « persuada qu'ils n'étaient tous ni des malfaiteurs « comme se les représentent les uns, ni des héros « comme les considèrent les autres, mais tout sim- « plement des gens ordinaires, comptant parmi « eux, comme partout d'ailleurs, des individus « bons, méchants ou moyens.

« Il en était, parmi eux, qui étaient devenus « révolutionnaires parce qu'ils se croyaient sincè- « rement obligés de lutter contre le mal existant, « d'autres avaient choisi ce parti poussés par des « motifs d'égoïsmes et de vanité ; la plupart étaient « entraînés vers la révolution par le désir, que « Nekludoff avait appris à connaître pendant la « guerre, du danger, du risque, par la volupté de « jouer sa vie — sentiments propres à toute jeu- « nesse énergique.

(1) *La Résurrection*, édition de A. Marx, p. 586.

« Ils se distinguaient des individus ordinaires, « distinction toute en leur faveur, du reste, en ce « que chez eux les exigences morales étaient supé- « rieures à celles admises chez les gens ordinai- « res. Non seulement l'abstinence, une vie sévère, « la droiture, le désintéressement étaient consi- « dérés comme obligatoires parmi eux, mais « encore ils devaient être prêts, à tout sacrifier, « même leur vie, pour la cause commune. C'est « pourquoi ceux de ces individus qui étaient au- « dessus du niveau moyen, le dépassaient de beau- « coup, donnant l'exemple d'une rare supériorité « morale, tandis que ceux qui n'atteignaient pas « ce niveau, restaient bien au-dessous de lui, pré- « sentant fréquemment un mélange de fausseté, de « simulation, de présomption et de fierté C'est « pourquoi Nekludoff, non seulement respectait, « mais aimait de toute son âme certaines de ses « nouvelles connaissances tandis qu'il éprouvait « plus que de l'indifférence envers d'autres ».

Quand Tolstoï dépeint les personnages et les agents d'institutions entières, on se demande involontairement quand s'écarte cette peinture du point de vue généralement admis, n'est-elle point purement subjective et ne prend-il point l'apparence pour la réalité? En la vérifiant par d'autres données et par les observations d'autres autorités littéraires, on voit pourtant qu'il a raison. La description, par exemple, de l'état d'âme des acteurs du procès de Catherine Maslow, les montrant préoccupés uniquement d'eux-mêmes et de leurs intérêts personnels, a fortement déplu à nos juges. Il suffit de comparer cette description avec celles analogues faites par d'autres romanciers pour voir que l'impression éprouvée par Tolstoï dans la salle du tribunal, ne l'a pas été exclusivement par lui. Prenons comme comparaison la dernière partie des « Frères Karamasov ».

Dans la description de l'enquête judiciaire chez Dostoïewski, malgré sa longueur et son abondance de détails finissant par fatiguer le lecteur, le trait prédominant dans la peinture de l'état moral des acteurs du procès : du président se distinguant par son expérience, du procureur poitrinaire dont le réquisitoire est le chant du cygne, du défenseur dans la personne d'un célèbre « violateur de la pensée » — est chez lui, également, que tous, pendant les débats, s'occupent uniquement de leur personne. Chez Dostoïewski de même l'issue du procès par la condamnation de Dmitri Karamasoff, innocent du crime qui lui est imputé, ne découle pas des faits prouvés et établis par le tribunal : le jury le condamne pour parricide, non qu'il ait effectivement commis ce crime, mais à cause de son libertinage et de sa dépravation en général. Du reste, ce verdict provoque chez l'auteur une entière satisfaction intime. « Les paysans ont tenu ferme » s'écrie-t-il en parlant des jurés, par la bouche de son personnage retraçant les incidents du procès : c'est en cela qu'il diffère de Tolstoï.

La description des juges, telle qu'elle est faite chez Tolstoï, a provoqué chez nos magistrats un fort mécontentement, frisant l'indignation. On ne peut autrement l'envisager que comme un malentendu de leur part, provenant de leur amour-propre blessé à tort qui les a empêchés de se placer au vrai point de vue de l'auteur. Pour Tolstoï, le tribunal criminel est non seulement une institution superflue, vaine et barbare, mais encore contraire à la nature humaine. Comment se fait-il donc que des individus, de leur propre volonté est par pure inclinaison, peuvent si longtemps et en si grand nombre, faire une besogne tellement contraire à la nature ? Tolstoï l'explique, parce qu'en réalité, rendant ce qu'on appelle la justice, ils s'occupent au fond de leur âme de choses complètement étrangères à la question. Ils remplissent leurs fonctions soit machinalement, par habitude, soit par curiosité quand ces fonctions sont encore nouvelles pour eux, mais ils ne sentent pas le point capital du tribunal criminel dans toute sa terrible signification.

La raison de ce que les juges, pendant l'exercice de leurs fonctions, n'envisagent pas le châtiment criminel dans toute son étendue, trouve son explication chez Tolstoï dans le partage du travail et des fonctions, dans l'organisation artificielle de la société moderne, qui, loin de donner les résultats les plus élevés et les plus parfaits que pourrait obtenir l'activité partagée, n'aboutit qu'à ce que, participant à une même œuvre barbare, dans laquelle séparément chacun d'eux joue un rôle, les juges ne se rendent aucun compte de ce qu'ils accomplissent. A son point de vue, c'est dans les pensées intimes mêmes qui absorbent l'attention des juges, que consiste pour eux, sans qu'ils s'en aperçoivent, la justification dans leur manière de rendre justice, pareillement à la façon dont les inquisiteurs exécutaient leurs autodafés.

Pour Tolstoï, ce n'est pas le juge, qui pendant les débats est absorbé par l'idée de son rendez-vous avec la gouvernante Clara Vassilievna, ou du dîner au cabaret à cause du refus de sa sévère moitié de le lui préparer à la maison, qui est incompréhensible, mais bien celui qui, sincèrement, emploie toutes les forces de son cœur et de son âme pour tâcher de faire mettre son semblable en prison ou de l'envoyer au bagne en l'arrachant à sa patrie et à sa famille. Tel est le héros de son récit *La mort d'Ivan Ilitch*. Ce n'est pas à la réorganisation du tribunal et de son œuvre mais à sa complète abolition que tendent les désirs et les espérances de Tolstoï. Un fait qui peut entre autres servir de preuve à la vivante réalité avec laquelle Tolstoï a dépeint ses juges, c'est que nos magistrats trouvent en aparté que le caractère des sénateurs est saisi dans le roman d'une façon étonnamment vraie, les sénateurs à leur tour pensent de même des juges de moindres instances.

Dans l'estimation critique que fait Tolstoï au tribunal s'élève encore une question : cette critique n'est-elle point engendrée par l'état d'esprit dans lequel le plongent les opinions extrêmes, bien connues, qu'il a actuellement sur le monde, au point de vue philosophique et moral ? Ne le contemple-t-il point sous l'influence de ces opinions, donnant à la véritable nature des choses une couleur préconçue ? Nous possédons dans ce rapport un curieux échantillon de son sentiment adverse du tribunal criminel dans son livre : *La guerre et la paix*. En décrivant la scène du conseil de guerre jugeant Pierre Besouky, Tolstoï caractérise en passant les tribunaux, en général, en s'exprimant ainsi :

« Le seul but de ce dernier est uniquement d'ac-
« cuser. Les questions posées par le tribunal,
« ignorant le point capital d'une œuvre vivante et
« excluant la possibilité de le découvrir, n'avaient
« pour but, ainsi que toutes les questions que pose
« la justice, que de glisser le chenal par lequel les
« juges voulaient que s'écoulassent les réponses
« du prévenu en l'amenant au but poursuivi, c'est-
« à-dire à sa condamnation. Dès que ce dernier
« commençait à parler dans un sens ne satisfaisant
« pas au but de l'accusation, le chenal était retiré
« et l'eau pouvait s'écouler à son gré. En outre,
« Pierre éprouvait, ce que tous les accusés éprou-
« vent dans les mêmes circonstances, une sorte de
« perplexité, se demandant pourquoi on lui posait
« toutes ces questions... ».

Ceci nous prouve que l'impression produite sur Tolstoï par le tribunal criminel, bien des années avant, alors que sa philosophie morale n'avait pas encore atteint la forme déterminée de lutte contre le mal qu'elle a actuellement, est, en tous points, la même que celle d'aujourd'hui. A ce sujet, il est fort à propos de rappeler encore un passage tiré de *La guerre et la paix* qui nous montre l'ancienne provenance des convictions fondamentales dont Tolstoï fait preuve de nos jours. Le revirement des sentiments moraux de Nekludoff dans sa jeunesse est attribué à son entrée au service militaire, dont il est dit ce qui suit dans le roman mentionné plus haut :

« Le service militaire, en général, déprave les « gens les plaçant dans des conditions d'oisiveté « complète, c'est-à-dire l'absence d'un labeur « sensé et utile et en les libérant de toutes les obli- « gations humaines que remplacent d'un côté « l'honneur conventionnel du régiment, de l'uni- « forme, de l'étendard et le pouvoir sans limites « sur d'autres individus et une soumission servile « à ses supérieurs, de l'autre ».

Nous lisons au commencement d'un des premiers chapitres du second volume de *La guerre et la paix*, les lignes suivantes :

« La légende biblique dit que l'absence de tout « travail, c'est-à-dire l'oisiveté, était la condition « de félicité du premier homme avant sa chute. « Cet amour de l'oisiveté a persisté après elle ; « mais la malédiction pèse toujours sur l'humanité « et non seulement par l'obligation de gagner son « pain à la sueur de son front mais parce que, par « ses propriétés morales, elle ne peut rester oisive « et tranquille. Une voix secrète nous dit que nous « sommes coupables en demeurant oisifs. Si

« l'homme pouvait trouver une situation dans « laquelle, tout en restant oisif, il se sentirait utile « et remplissant son devoir, il aurait découvert un « côté de la félicité primitive. Et c'est d'un état « semblable d'oisiveté obligatoire et irréprochée « que jouit une classe entière, la classe militaire».

Il faut donc voir dans la peinture que nous fait maintenant Tolstoï du tribunal, des traits pris sur le vif de la réalité. Tout le monde est loin de les remarquer, mais Tolstoï, lui, les a vus aussitôt qu'il a jeté son regard observateur de ce côté. La confirmation de cette observation de Tolstoï concernant la tendance des tribunaux criminels, peut être trouvée dans une source, sinon inattendue, du moins convaincante : « Les résultats de la statistique criminelle russe pendant une période de vingt ans » (1874-1894) édités par le ministère de la justice, à l'endroit de cet ouvrage où est noté le pour cent relativement considérable des acquittements prononcés par les juges de paix du district de Varsovie. Ce fait y trouve son explication dans ce que, par suite de l'absence d'ordre dans la mise en jugement des causes dépendant du ressort des juges de paix, alors que des accusations mal fondées ne devraient pas du tout être amenées aux débats, il leur arrive également d'examiner en substance des affaires semblables, augmentant de cette façon le nombre des verdicts d'acquittement.

Comme conclusion, l'auteur de cet ouvrage prononce, à la page 87, à la défense des juges de paix, la sentence suivante, comme mesure des exigences de la justice : « A l'effectif de ces conditions, on peut reconnaître que les juges de paix prononcent relativement une plus grande quantité d'acquittements, exclusivement par suite de la forme particulière de l'instruction dans les instances de paix ; le degré d'attention qu'apportent les juges de paix au fondement de l'accusation et leur tendance à accomplir les exigences de la loi et de la justice ne sont nullement moindres que chez les membres des autres instances judiciaires. » Il en résulte que, sans l'existence de ces conditions particulières, le pour cent élevé des acquittements est incompatible chez le juge avec la stricte façon de comprendre ses fonctions.

Il serait même très étrange que Tolstoï qui pénètre avec une si évidente vérité tous les états d'âme, indépendamment de ce qu'il les ait éprouvés ou qu'il ait pu les éprouver lui-même, se fût justement trompé dans la description de l'être moral du juge. Il est clair que Tolstoï n'a pu passer des nuits dans les cellules des femmes détenues et pourtant la description qu'il nous fait des pensionnaires de la cellule de Catherine Maslow, avec leur état moral, leurs pensées et leurs désirs peut-elle être plus étonnamment vraie ? La doyenne de la cellule, la Karablew à la figure renfrognée et couverte de rides, la vieille Menschoff, innocente du crime d'incendie dont elle est accusée avec son fils et qui supporte sa détention avec bonhomie (une « si brave vieille » dit d'elle Catherine Maslow, en priant Nekludoff d'intervenir en faveur d'elle et de son fils); la détenue rousse qui se bat avec la doyenne de la cellule et ensuite, croyant n'être vue de personne, pleure sur sa couchette, gémissant et reniflant en avalant ses larmes, parce qu'elle vient d'être injuriée, battue, qu'on lui a refusé du vin dont elle avait tant envie et que, durant toute sa vie elle n'a connu que des injures, des moqueries, des insultes et des coups et pleurant enfin sur le dénouement outrageant de son premier amour pour l'ouvrier Fedka Maladenkoff; la cantinière à laquelle on a laissé ses deux enfants, n'ayant personne à qui les confier, qui tient entre ses jambes sa petite fille dont elle épluche la tête de ses doigts agiles en se posant à elle-même cette question : « Pourquoi vends-tu du vin en contrebande? » à quoi elle répond aussitôt : « Et avec quoi donc élèverais-je les enfants ? »; la détenue surnommée à cause de son amour pour les chiffons, La Jolie, de la taille d'une fillette de dix ans, noiraude, mal bâtie, avec un dos trop long et de toutes petites jambes; la fille d'un sacristain, grande et bien faite, qui avait noyé son enfant et qui, maintenant, revêtue seulement d'une chemise sale en toile bise, marche nu-pieds dans l'espace libre de la cellule sans faire la moindre attention à ce qui se passe autour d'elle, tournant brusquement en arrivant au mur pour recommencer sa promenade, comme un automate — tous ces personnages sont devant nous comme sculptés et on peut hardiment ajouter, éternisés par Tolstoï; ils vivront avec leur milieu dans l'esprit des gens aussi longtemps que conserveront leur place dans la littérature moderne les œuvres de divers coryphées et dans leur nombre les fruits géniaux de la fantaisie de Dante.

Quand il dépeint le caractère de quelqu'un, Tolstoï semble s'identifier, par ses propres sentiments et ses conceptions, à son personnage. Quand il nous décrit l'état anormal de l'auditoire rassemblé dans le salon de la comtesse Pscharsky en l'honneur du prédicateur anglais Kiseneter, pendant que les assistants s'agenouillent ou pleurent, il nous montre le cocher de la comtesse qui « effrayé et surpris regardait l'étranger comme s'il allait le renverser du timon de son attelage sans que celui-ci cherchât à se garer ».

Tolstoï sait nous dépeindre avec une vivacité émouvante l'état de l'enfant dans les flancs de sa mère. Rappelons-nous Katioucha quand elle court la nuit à la station pour voir Nekludoff et quand ce dernier passe outre emporté par le train, sans même jeter un regard par la portière du coupé. Elle résolut alors de se jeter sous les roues du wagon : « Mais à cet instant, comme il arrive à la « première minute de calme après une forte émo- « tion, lui — l'enfant — son enfant qui était en « elle, tressaillit tout à coup, se heurta, puis se « détendit doucement et heurta de nouveau avec « quelque chose de mince, de délicat et de pointu. « Et ce qui la faisait souffrir un instant aupara- « vant, tellement qu'il lui semblait impossible de « continuer à vivre, toute la colère qu'elle nour-

« rissait contre son amant et le désir qu'elle avait « de se venger de lui, du moins par sa mort à elle, « tout cela s'évanouit d'un coup ».

Cette scène décrite de main de maître nous donne la raison pour laquelle Katioucha n'agit pas ainsi que l'héroïne de son récit favori « Le Calme » de Tourguéneff, qui, par suite d'un amour fatal, se jette dans l'étang.

Nous venons de voir que ce qui frappe maintenant le plus Tolstoï dans le tribunal criminel et ce qui le frappait déjà bien des années avant, est que le tribunal ne s'occupe nullement de ce qui, à son avis, présente le seul intérêt pour lequel il vaille la peine qu'il se rassemble et que les questions posées par lui « laissent de côté le point capital d'une œuvre vivante » et « excluent la possibilité de le découvrir ». Ici se pose cette question : ceci est-il dans son imagination le fruit d'un point de vue préconçu où y a-t-il vraiment dans la réalité des traits autorisant cette généralisation ?

Pour bien comprendre Tolstoï, ayons recours à notre ancien système, supposons-nous témoins d'un tribunal siégeant dans des temps reculés comme si nous y assistions de nos jours. Dans l'antiquité, par exemple, existaient ce qu'on nomme les ordalies. C'était une espèce d'épreuve judiciaire par laquelle les juges se convainquaient de la culpabilité de l'accusé et, selon son résultat, décidaient de son sort. Les ordalies se divisaient en épreuves par l'eau et par le feu. Voici le tableau d'une épreuve par l'eau que nous montrent les

Recueils des lois anglo-saxonnes du xe siècle :

Au jour choisi pour l'épreuve, l'accusé était mené à l'église. Les spectateurs y étaient placés sur deux rangs, l'un en face de l'autre. Un des rangs devait représenter les amis de l'accusé, l'autre ceux des accusateurs. Entre eux, au milieu de l'église, brûlait le feu qui devait servir à prouver l'innocence ou la culpabilité de l'accusé. Tous les assistants étaient sensés avoir jeûné et être nets de toute souillure. Le prêtre passait et repassait devant eux en les aspergeant d'eau bénite et en leur en donnant à boire. Il faisait baiser à chacun d'eux la croix et l'Evangile. Pendant ce temps l'ordalie remplie d'eau était placée sur le feu. Quatre arbitres, choisis par deux de chaque partie, annonçaient quand l'eau commençait à bouillir. Le moment attendu était alors arrivé. Aussitôt, les assistants qui avaient gardé jusque-là un silence solennel élevaient ensemble une prière au Dieu Tout-Puissant, afin qu'il manifestât sa volonté par l'épreuve qui se préparait. Ensuite l'accusé, le bras tendu, entouré d'une étoffe ou d'un linge spécial, s'approchait du lieu de l'épreuve. Au fond de la cuve était placée une pierre qu'on ne pouvait atteindre qu'en plongeant le bras jusqu'au coude. L'accusé devait retirer cette pierre sans se brûler. Il devait le faire étant presque aveuglé par la fumée des bûches et la vapeur s'échappant de la cuve et à demi-mort par la terreur qui devait l'envahir, fût-il coupable ou non. Là-dessus se terminait la première partie de l'épreuve. Au bout de trois jours avait lieu la cérémonie concluante; quand on enlevait les bandages recouvrant le bras. Si les chairs étaient intactes, cela était interprété comme une manifestation de Dieu en faveur de l'innocence de l'accusé. Si au contraire on constatait la moindre trace de brûlure, cela était considéré comme un signe de la colère divine désignant le coupable qui alors devait être livré à des tortures en rapport avec l'importance de son crime et la barbarie de l'époque (1).

Ne nous semblerait-il pas que nous assistions à une sorte de divertissement cruel auquel ne peuvent sérieusement se livrer que des insensés? Et c'est ainsi pourtant qu'à cette époque on était convaincu d'obtenir la vérité dans l'acte de justice. Ce qui nous étonne le plus dans ce tableau, au point de vue de notre siècle, ce n'est pas seulement qu'on croyait trouver une preuve de culpabilité sur des données aussi logiquement absurdes, car, quel rapport peut-il y avoir, en effet, entre le crime qu'ait ou non commis un individu et la sensibilité plus ou moins grande de la peau de ses bras ou le temps plus ou moins long que ses brûlures mettraient à guérir? Ceci serait encore jusqu'à un certain point compréhensible, prenant en considération qu'à cette époque reculée les hommes se fiaient moins à la force de leur propre raisonnement qu'à la manifestation de la volonté divine qui s'ob-

(1) L. O. Pike, *A History of Crime in England*, vol. I, p. 53.

tenait par de pareilles manipulations ; mais ce qui nous frappe surtout c'est que les hommes d'alors se contentaient d'établir la culpabilité de l'accusé sans se préoccuper le moins du monde des motifs qui l'avaient poussé à commettre son crime, et comment sans se poser cette question, s'octroyaient-ils le droit d'envoyer leurs semblables aux tortures et même à la mort. Ce sont les mêmes circonstances et au même degré qui frappent Tolstoï dans le tribunal criminel moderne.

Tolstoï, comme Bellami dans son « Looking backward » regarde le présent avec les yeux de l'avenir et le voit non pas fantastiquement, mais vif, réel comme nous ne pouvons voir que les tableaux d'un passé lointain se reproduisant à nos regards. Pour lui le crime a complètement cessé d'être le résultat de la mauvaise volonté d'un seul individu, il se décompose entièrement en parties intégrantes provenant du mauvais exemple de l'entourage, du peu de sollicitude envers son prochain, de la cupidité et de l'égoïsme qui trouvent leur base dans l'ordre économique actuel.

« Il est évident — pensait Nekludoff, au sujet du « jugement d'un gamin qui avait volé de vieilles « nattes — que ce garçon n'est pas un malfaiteur « à part mais, comme on le voit, un individu des « plus ordinaires et s'il est devenu ce qu'il est c'est « seulement grâce à ce qu'il se trouvait dans des « conditions qui engendrent de tels individus. « C'est pourquoi il paraît évident, qu'afin qu'il n'y « ait plus de ces gamins, il faudrait tâcher de

« détruire les conditions formant ces malheureux « êtres. Il aurait suffi pourtant, pensait Nekludoff « en regardant la figure maladive et effrayée de « l'enfant, que quelqu'un eût pitié de lui, lorsque « poussé par le besoin, on l'envoya de son village « à la ville et soulagea cette misère, et même « encore, quand à la ville, après douze heures de « travail à l'usine, il allait, entraîné par des cama- « rades plus âgés que lui, au cabaret ; il se serait « trouvé, même alors, un homme qui lui aurait « dit : « N'y va pas, Jean cela n'est pas bien », l'en- « fant aurait obéi, ne se serait pas débauché et « n'aurait rien commis de mal. Mais il ne se trouva « personne qui eût pitié de lui, tandis que pareil à « un petit animal il vivait à la ville ses dures « années d'apprentissage et que, les cheveux cou- « pés ras, de peur des poux, il courait faire les « commissions des ouvriers ; au contraire, depuis « qu'il habitait la ville, il n'entendait de la bouche « des ouvriers et de ses camarades qu'il ne fait bon « que de tromper, de boire, de s'injurier, de se « battre et de se débaucher »

« Et quand malade et vicié par un travail mal- « sain, la boisson, la débauche, abêti et fou, « rôdant comme un somnambule à travers la ville « il se fourvoya par sottise dans un hangar et en « déroba de vieilles nattes dont nul n'avait besoin, « nous ne songeons pas à détruire les causes qui « ont mis cet enfant dans l'état où il se trouve, mais « nous voulons réparer le mal en condamnant... « C'est horrible ! »

Ce sont les mêmes sentiments et les mêmes idées, mais plus généralisées, qu'éprouve Nekludoff, dans sa distinction des détenus :

« La cinquième catégorie, enfin, se composait « d'individus envers lesquels la société était bien « plus coupable qu'ils ne l'étaient eux-mêmes vis- « à-vis d'elle. C'étaient des abandonnés, abêtis par « une oppression continuelle et par des tentations « de toute sorte, tels que l'enfant qui avait volé de « vieilles nattes, et une centaine d'autres individus « qu'il avait vus à la prison et en dehors d'elle, que « les conditions de l'existence avaient amenés pour « ainsi dire systématiquement à commettre l'acte « qu'on nomme crime. D'après ses observations, à « ce genre d'individus appartenaient un grand « nombre des voleurs et des assassins, avec quel- « ques-uns desquels il s'était trouvé, ces derniers « temps, en rapports. Les ayant connus de plus près « il leur adjoignit ces dépravés et ces corrompus « que la nouvelle école appelle des types de cri- « minels et dont l'existence dans la société est « reconnue comme une des principales preuves de « la nécessité du Code pénal et du châtiment.

« Ces types corrompus, criminels, anormaux, « ainsi qu'on les nomme, n'étaient rien d'autres, à « son avis, que ces mêmes individus envers qui « la société était plus coupable qu'ils ne l'étaient à « son égard, mais coupable non envers eux au « présent, mais par le passé vis-à-vis de leurs « parents et de leurs aïeux ».

De là nous voyons que pour Tolstoï le crime

appartient à l'analyse comme phénomène social autant que l'expression réelle du mal social qui l'a engendré se reflète en lui, que le crime actuel est le châtiment infligé à la société dans la personne de tel ou tel criminel dont elle a à s'occuper pour sa cupidité dominante, son indifférence à son prochain et sa corruption morale, et c'est pourquoi chaque nouveau cas criminel n'est seulement qu'un nouvel indicateur du mal social à constater et à vérifier par lui : le criminel ressemble au coquillage qui, par la structure de ses sinuosités, rassemble les ondes sonores qui l'environnent et les reflète sous la forme d'un murmure particulier. L'âme de Tolstoï, souffrant pour son malheureux prochain, ne voit dans le procès criminel moderne qu'une incarnation de principes contraires.

Et, en effet, il faut bien reconnaître que l'instruction judiciaire, par son caractère même, doit le frapper à son endroit le plus sensible. La théorie même du procès moderne (nous prenons pour exemple le *Manuel* du professeur Stoutschewski) ne nous dit-elle pas catégoriquement : « Le tribunal poursuit dans son œuvre un but « purement pratique. Jugeant indispensable dans « les intérêts de la vie légale de garantir ces « intérêts de toute atteinte criminelle par l'appli- « cation d'un châtiment, la législation a confié au « tribunal le soin d'approfondir, pour chaque « cause, si la volonté du coupable qui s'est mani- « festée par son crime porte des traces de con-

« science caractérisant la criminalité de cette « volonté, d'où dépend l'application d'un châti- « ment en rapport au crime. Ainsi, ce ne sont ni « les causes engendrant le criminel, ni les condi- « tions ayant influé sur la formation de ces « causes, mais uniquement la volonté criminelle « du coupable se manifestant dans son crime, qui « sert d'objet à l'analyse du tribunal criminel » (page 506). De même, un autre professeur, M. Tagautzeff, sénateur-président à la Cour de cassation, dans l'arrêt du Sénat (1895, nº 17) concernant la question des limites jusqu'auxquelles doit s'étendre l'enquête judiciaire, dit à l'usage des juges, en s'appuyant sur les motifs des législateurs qui exigent « que dans toute cause soit découverte la vérité absolue », ce qui suit : « L'opi- « nion émise en cette affaire par le défenseur, « opinion partagée du reste, ainsi qu'il en appert « d'autres causes, par quelques personnes pre- « nant part ou dirigeant les instructions judi- « ciaires préliminaires, qu'une enquête minu- « tieuse et que la présentation au tribunal de « toutes les circonstances ayant un rapport quel- « conque direct ou éloigné au crime, ne peuvent « non seulement nuire au jugement de la cause, « mais qu'au contraire toute restriction dans la « liberté de soumettre au tribunal des preuves de « tout genre ne serait qu'un empêchement à « prouver la culpabilité de l'accusé — est par le « fait inexacte et ne répond pas aux règles fonda- « mentales du Code pénal A l'enquête judiciaire

« doit servir de point de départ l'acte du crime « avec sa mise en scène qui sert à déterminer sa « nature, son genre, ses conditions, incluant la « volonté criminelle qui y est exprimée, mais en « laissant en dehors de l'enquête tout ce qui, bien « que pouvant servir à montrer la signification « sociale ou économique de l'acte commis ou à « donner des détails sur le milieu auquel appar- « tient le criminel, ne peut avoir de signification « pour l'application d'un juste châtiment au « crime, car le tribunal n'est pas appelé à décou- « vrir les erreurs et les maux sociaux, mais uni- « quement à appliquer équitablement la loi ».

Il suffit de comparer ces deux textes à la tendance du roman pour voir combien sont opposés les tribunaux actuels à ce qu'attend Tollstoï d'une institution sociale et quel sentiment doit lui inspirer la procédure judiciaire. Ce qui le frappe le plus dans cette dernière, c'est la façon dont sont formulées les questions posées au jury. Le malencontreux verdict rapporté à Catherine Maslow, nous montre, à leur plus haut degré, les suites de ce que le texte des questions posées au jury ainsi que les réponses qu'il devait y faire, n'était pas assez clairement rédigé. En ne répondant pas « oui, mais sans intention d'ôter la vie », les jurés rendirent sans le vouloir, l'accusée responsable comme d'un crime conscient. La question, résumant toutes les raisons pour lesquelles on juge un individu, dont la préparation a nécessité tant d'efforts d'enquêtes préliminaire et judiciaire est enfin posée et que présente cette question ? Un imbroglio dans lequel il est impossible à quelqu'un d'inaccoutumé de se reconnaître. L'énoncé de cette question formant le point culminant de toute l'enquête judiciaire semble à Tolstoï être la tête d'un abcès que font mûrir, d'accord, différentes autorités.

Comme pour renforcer la réalité de la signification que voit Tolstoï dans l'inaccessibilité pour les simples mortels au langage judiciaire dans lequel sont formulées les questions et à l'impossibilité de s'y accoutumer, un incident eut lieu, après l'apparition de son roman, à la cour d'assises de Toula, dans une affaire ayant acquis une grande popularité, celle de Nicolas Griasny, acquitté par le jury du crime de parricide, malgré ses aveux. Cet acquittement fut attribué par la procuratie ou manque de clarté pour le jury dans le sens des expressions employées dans le texte de la question « avec préméditation » et « par entente préalable avec d'autres personnes » que les jurés voulaient repousser en donnant à la culpabilité même une réponse affirmative. Dans sa conclusion au Sénat concernant cette affaire, le procureur général V. K. Sloutschewski s'étendit longuement sur la confusion dans les idées du jury, dont nous venons de parler. Dans cette conclusion, où se trouve un renvoi à l'arrêt de 1895, n° 17, il soutenait entre autres, les arguments de protestation qui discutaient la justesse du verdict, en se basant encore sur ce que le tribunal permit à la prière de l'accusé, l'audition de témoins qui déposèrent « que le défunt « père de l'accusé martyrisait et battait à mort « toute sa famille et même sa mère qui s'en était « plainte plusieurs fois au prêtre » voyant en cela l'introduction dans l'affaire de circonstances accessoires qui seraient étrangères à la cause (1).

Concernant le réalisme que Tolstoï met dans ses pensées et ses impressions, il est à propos de se poser cette question : pourquoi en voulant décrire l'exagération dans sa forme et la cruauté dans sa substance du système pénitentiaire a-t-il choisi la condamnation d'une innocente ? N'aurait-il pas mieux valu prendre un cas où le châtiment atteint un individu qui l'a, comme il se dit, mérité par ses actes et de prouver alors combien, même malgré sa faute, est cruelle et injuste la punition infligée. Tolstoï n'invente pas, il crée ; et il crée non d'un avenir lointain, non en planant au-dessus des événements décrits, mais de leur milieu même se plaçant à leur centre. S'il avait fait de Nekludoff un philanthrope enflammé d'indignation contre le système pénitentiaire et prenant à cause de cela intérêt au sort de Catherine Maslow il en serait résulté un tableau artificiel sans aucune ressemblance avec la réalité. Ce ne serait plus un roman pénétré de vivant réalisme. Au point de vue existant sur les choses, et il n'y a aucune raison de supposer que ne le partage pas Neklukoff, la condamnation de Catherine Maslow aux travaux for-

(1) *Journal du ministère de la justice*, mars 1900, p. 235.

cès pour un crime vraiment accompli, l'aurait forcé à se détourner d'elle. Peut-être ressentant un remords de son ancienne faute lui eût-il fait tenir alors quelque cent roubles par l'administration d'étape et n'eût fait rien de plus. Maintenant, au contraire, au sentiment de sa faute envers elle, vient s'ajouter la persuasion de son innocence et c'est à cause de cela seulement que la nécessité morale de changer son sort, l'amène à la résolution qui doit bouleverser sa propre vie. Mais tout en étant un pédant, un amoureux de la propreté, Nekludoff est en même temps un « rêveur », un terrible rêveur, comme dit de lui sa tante, la comtesse Tscharsky quand il lui fait entendre son intention d'épouser Catherine Maslow, ce qui dépeint parfaitement aux yeux de la comtesse l'état spirituel et moral de son neveu. « Mais je « t'aime justement parce que tu es un si grand « rêveur » ajoute-t-elle.

Si Nekludoff avait appris par les journaux la condamnation de Catherine Maslow, avait reconnu à sa description la victime de sa fantaisie et par cela se serait convaincu de son innocence, cela n'aurait pas servi de stimulant assez vraisemblable et assez vivant pour lui faire sentir un désir insurmontable de faire pour elle, malgré le gouffre social partageant de nos jours les rapports des gens entre eux, ce que nous le voyons faire dans le roman. Sa tendance morale qui s'est transformée en une œuvre d'abdication, devient naturelle seulement parce que c'est en somme lui, Nekludoff, le coupable de cette injuste condamnation. C'est dans son intrigue peu ordinaire, nous montrant Nekludoff coupable déjà de la vie abîmée de l'accusée, appelé encore à participer au cruel châtiment que lui inflige le tribunal, qu'est renfermée la vitalité de l'idée du roman. Il ne faut donc pas croire que Tolstoï, bâtissant son roman sur une erreur judiciaire ait voulu figurer l'imperfection de nos formes judiciaires, grâce à laquelle un innocent peut être facilement condamné. Une conclusion semblable serait aussi erronée que celle qu'on pourrait faire en se basant sur ce que dans le roman, la modification du sort de l'accusée, qui avait été impossible à obtenir dans les instances judiciaires, l'a été par voie administrative, que Tolstoï a voulu nous représenter les formes administratives au-dessus des formes judiciaires. Ce n'est pas dans la forme extérieure que Tolstoï voit le côté faible du procès criminel, mais dans la base même. Il voit dans sa substance le produit d'une entière indifférence de cœur envers son prochain et seule la tendance égoïste qu'ont les hommes à sauvegarder leurs personnes et l'inviolabilité de leurs biens quelque violence envers leur prochain qu'il leur en coûte. C'est pour cela que la procédure judiciaire, telle que l'a dépeinte Tolstoï, nous fait l'impression que l'œuvre du tribunal s'occupant, soi-disant, à analyser la destinée de l'accusé et à décider de son sort, n'a par le fait aucun lien organique ni avec son passé l'ayant amené à la situation où il se trouve, ni avec son futur sous la forme de l'arrêt qui l'attend : la procédure d'enquête est complètement indépendante du verdict.

Ce qui frappe Tolstoï dans le procès criminel c'est que de nos jours on tend encore au même but que l'Inquisition poursuivait par la question : c'est-à-dire à établir uniquement la culpabilité. Avant on pensait qu'elle s'établissait le plus sûrement par l'aveu de l'accusé, qu'il fallait pour cela lui arracher à toute force, même en ayant recours à la torture. Maintenant, on trouve que le raisonnement développé du juge peut atteindre le même but par l'appréciation des actes et de la conduite de l'accusé, objectivement, et par l'impression des témoins et qu'il peut, par conséquent, se passer de l'aveu de l'accusé ; de fait, l'enquête judiciaire ne cherche qu'à établir le même point qu'avant : la culpabilité de l'accusé. La différence n'existe que dans la forme du procès et non dans sa substance. Pour Tolstoï la question essentielle n'est pas de savoir si l'accusé est réellement coupable ou non, mais celle : s'il est coupable, quelles sont les raisons qui l'ont poussé au crime et en quoi consiste la véritable cause du mal social dont le criminel est l'expression ?

La véritable couronne de cet édifice stérile qu'on appelle le procès criminel est pour Tolstoï la cour de cassation. Le tribunal au lieu de s'intéresser à l'analyse des véritables questions touchant au sort de la victime et de l'accusé, s'occupe uniquement à faire des tours de force d'équilibre de pensée et de logique dont nul n'a besoin, et par suite l'issue de la cause sous la forme de tel ou tel arrêt, ne découle nullement de cette analyse, mais devient le résultat des conceptions particulières et de la disposition d'esprit accidentelle des juges. C'est pour cette raison que le contrôle établi pour surveiller l'application ponctuelle des formes et des procédures de l'administration judiciaire, élevé à la hauteur d'une institution entière, semble être aux yeux de Tolstoï quelque étrange comédie, d'autant moins pardonnable qu'il dépend tout de même de cette institution de décider du sort d'êtres vivants.

Il est certain que si aux voies de l'instruction judiciaire servaient des procédés analytiques amenant vraiment à la solution du problème posé par chaque cause criminelle, il y aurait un sens à surveiller que leur application fût exacte et infaillible. Cela aurait le même sens, qu'a pour la solution d'un problème de mathématique, la stricte observance des règles de la multiplication, du passage des membres d'un polynôme, l'extraction des racines, etc., suivant que l'exige la marche du raisonnement mathématique. Mais là, la vérification des formes de l'enquête — dans quel ordre furent appelés les témoins, quels documents devaient ou non être livrés à la publicité, etc. comme si d'un changement dans cet ordre dépendait la solution du problème, tandis que l'arrêt du tribunal n'est nullement la réponse au problème et pas même le résultat de la procédure exécutée sous forme d'enquête — n'aboutit à rien. La solution du problème proposé par Tolstoï au tribunal criminel, n'approchera pas de la vérité dans quelque ordre que soient exécutées les procédures de l'enquête et elle n'en serait pas plus fausse si ces procédures étaient mélangées en tas.

La métaphysique du travail des juges à la cour de cassation ne peut pas, de fait, ne pas transformer cette institution en autre chose que ce qu'elle doit être par son idée, quoique artificielle.

Des individus vivants ne peuvent pas, d'après la conviction inébranlable de Tolstoï, travailler sur une instigation morte. Et ce sont des instigations vivantes qui pénètrent dans l'âme des sénateurs, pendant qu'ils se trouvent dans la salle des délibérations et sous l'impression desquelles ils donnent leurs suffrages. Seulement ces investigations n'ont rien de commun ni avec l'idée de revision, ni, moins encore, avec le but vivant du jugement de ses semblables.

L'impression pénible ressentie par Nekludoff au sénat est augmentée par le contraste entre le vide et la sécheresse de son œuvre et la magnificence de son installation ainsi que la solennité de sa mise en scène et que renforce encore le nombre considérable de fonctionnaires tous très polis et très avenants. La perplexité de Nekludoff devant la signification de cette instance judiciaire apparaît déjà vaguement dans la scène où le suffisant avocat Tanarine lui lit le pourvoi en cassation de Catherine Maslow. Le rapport de cette affaire au sénat, pas plus que celui de la cause précédente concernant une plainte en diffamation dans la presse, ne diminue sa perplexité :

« Nekludoff se mit à écouter et à tâcher de com-
« prendre la signification de ce qui se passait
« devant lui, mais de même qu'au tribunal, ce qui
« l'empêchait principalement de comprendre, c'est
« qu'il était question non de ce qui semblait natu-
« rellement le plus essentiel, mais de choses par-
« faitement secondaires ».

Le discours de Tanarine ne parvient pas non plus à l'aider à comprendre et à dissiper l'artifice de ce qui se passe devant lui.

« Dans sa courte mais forte allocution, Tanarine
« s'excusait d'insister (dans ses six paragraphes),
« sur ce que messieurs les sénateurs, dans leur
« perspicacité et leur sagesse juridique voyaient
« mieux que lui, mais il le faisait seulement parce
« que le réclamait l'obligation du rôle dont il s'était
« chargé. Après le discours de Tanarine, il sem-
« blait qu'il ne pouvait exister le moindre doute
« dans ce que le sénat infirmerait l'arrêt du tribu-
« nal. Ayant terminé son discours Tanarine sourit
« victorieusement.

« En regardant son avocat et ayant aperçu son
« sourire, Nekludoff fut convaincu du gain de sa
« cause. Mais ayant jeté un regard sur les séna-
« teurs, il vit que Tanarine souriait et triomphait
« seul. Les sénateurs et l'aide du procureur géné-
« ral ne souriaient et ne triomphaient pas, mais
« avaient l'air ennuyé de gens qui se disent « nous

« avons bien souvent entendu de vos semblables,
« et tout cela ne sert à rien ».

Rien de bien tranquillisant non plus pour sa conscience n'acquiert Nekludoff par son dialogue avec l'aide du procureur général Selenine, un ancien camarade d'université, qui avait présenté la conclusion de l'affaire Maslow au sénat, et qui croyait le raisonner par ses arguments sur la différence, restée inaccessible pour Nekludoff, entre la substance de l'affaire et les formes de la procédure, l'exactitude de ces dernières prenant le dessus sur l'injustice de l'arrêt même.

« Il ne s'agit pas du pourvoi, mais d'une femme
« qui est innocente et qui subit un châtiment — dit
« Nekludoff.

« Selenine soupira :

« — Peut-être bien. Mais...

« — Non pas peut-être, mais sûrement,

« — Comment le sais-tu ?

« — Parce que je faisais partie du jury. Je sais
« en quoi consiste la faute que nous avons com-
« mise.

« Selenine devint pensif.

« — Il fallait faire cette déclaration alors même
« dit-il.

« — Je l'ai faite.

« — Il fallait la faire porter au procès-verbal. Si
« cela avait eu lieu à la cassation.

« — Mais maintenant encore il est clair que
« l'arrêt était inepte.

« — Le sénat n'a pas le droit de le dire. Si le

« sénat se permettait de casser les arrêts des tribu-
« naux en se basant sur son point de vue concer-
« nant l'équité des arrêts mêmes, ne parlant pas
« déjà de ce que le sénat perdrait tout point d'appui
« et risquerait plutôt d'enfreindre la vérité que de
« la rétablir, les arrêts du jury perdraient toute
« signification.

« — Je ne sais qu'une chose, c'est que cette
« femme est complètement innocente et que le
« dernier espoir de la sauver d'un châtiment
« immérité est perdu. Une instance suprême a
« confirmé une iniquité accomplie ».

Quand le beau-frère de Nekludoff, Rogojinski, représentant des plus orthodoxes de la magistrature, le renvoie de nouveau à la fameuse substance de l'affaire, il se sent envahir par une véritable irritation.

Le ton assuré de son beau-frère ne pouvait agir autrement sur Nekludoff, cherchant une solution à l'ordre existant et non sa simple constatation.

« — Le sénat a rejeté le pourvoi.

« — S'il l'a rejeté c'est qu'il n'y avait pas de rai-
« sons suffisantes à la cassation dit Ignace Niki-
« forovitch, partageant évidemment l'opinion
« admise que la vérité est le produit de la procé-
« dure. « Le sénat ne peut examiner l'affaire en
« substance ».

Dans l'antiquité, les procès se vidaient par des duels entre des parties adverses, ou même entre des combattants engagés par elles qui n'avaient qu'à suivre exactement le cérémonial sérieusement élaboré pour ce genre de combats. L'enquête telle qu'elle est faite de nos jours, avec ses formes et ses procédures contrôlées par le sénat, et n'ayant aucun rapport à l'issue de la cause, rappelle à Tolstoï ces combats, avec la seule différence que les armes sont changées, quant au fond il est resté de même : en effet, l'issue de la cause ne dépend-elle pas, maintenant encore, de l'habileté et de l'adresse des représentants des parties ? La tête des juges n'est pas autrement faite que celle des autres hommes. On peut agir sur eux d'une façon ou d'une autre par leurs qualités subjectives. Il en résulte que l'issue de la cause dépend de l'humeur accidentelle ou de la disposition d'esprit des juges et de l'habileté avec laquelle on sait se servir de leurs faiblesses intellectuelles et de leur prédisposition. Qu'est-ce que cela a donc de commun avec la recherche de la vérité dont est altérée l'âme de Nekludoff.

Les critiques de Tolstoï, parmi la magistrature, lui reprochèrent, en admettant qu'il existe réellement des juges tels qu'il les a dépeints, d'avoir choisi pour les acteurs de son roman, des types aussi ordinaires au lieu de prendre des personnalités plus remarquables. Cela n'aurait certainement rien changé au point de vue de Tolstoï, car les personnalités remarquables assises dans le fauteuil du juge, s'occupent également de leurs personnes, de leurs propres intérêts et de rien d'autre en accomplissant l'œuvre barbare du jugement criminel, œuvre dépassant les forces humaines. Par qui, se demande-t-on, s'accomplit l'œuvre du tribunal partout et toujours, l'œuvre qui se reflète principalement sur la destinée du peuple, par des juges ordinaires ou par des personnalités remarquables? Il suffit au sceptique le plus endurci d'assister une fois à une assemblée de district quelconque de juges de paix pour se convaincre, une fois pour toutes, combien l'attestation que donne Tolstoï aux juges criminels dans l'exercice de leurs fonctions journalières, est pleine de vivante réalité. Tolstoï a pris les juges et les procès dans une mise en scène de tous les jours. Il ne voulait pas faire du procès de Catherine Maslow une cause célèbre, autrement chez lui comme chez Dostoïewski la salle du tribunal serait remplie d'un public distingué, il aurait fait figurer un avocat célèbre. Lui, au contraire, en homme appartenant à la vie réelle, a choisi le tribunal dans l'impression qu'il produit tous les jours, dans l'aspect sous lequel il est connu seulement de la foule, du peuple et dans lequel, il est certain, le fond de la justice criminelle apparaît plus directement, plus droit et plus apparent sous les embellissements et les éléments étrangers qui sont les traits prédominants des causes célèbres.

La critique du même camp a cherché à démentir la réalité des observations de Tolstoï en s'appuyant sur cet argument, que si les formes de la procédure judiciaire lui eussent été connues, il aurait su que la liste des personnes composant le jury est préalablement communiquée aux accusés et par conséquent a été également remise à Catherine Maslow, et la scène très importante à l'effet du roman, quand la prévenue regardant avec indifférence le groupe des jurés glisse son regard sur Nekludoff comme sur les autres, sans le reconnaître, n'aurait pas vu le jour. L'accusée sait lire et, en voyant figurer parmi les membres du jury le nom de Nekludoff, elle aurait reconnu son séducteur et aurait certainement cherché à le découvrir parmi les jurés. Un semblable reproche ne peut être fait à Tolstoï que par un critique-juge qui ne connaît que les formes de sa procédure judiciaire dont tout son être est pénétré. Du moment qu'il est dit dans le règlement que la liste des jurés est remise à l'accusé, ce juge qui se rend parfaitement compte pourquoi existe cet usage et qui comprend quelles conséquences malheureuses peuvent résulter pour l'accusé s'il ne sait pas s'en servir, ne peut admettre qu'aussitôt cette liste entre les mains l'accusé ne se précipite pas dessus et ne se mette à déchiffrer avec avidité les noms qu'elle renferme. Ce juge ne peut se figurer que le détenu recevant un document quelconque, même émanant du tribunal, ne cherche aussitôt qu'à le transformer en papier à cigarettes.

Et, en effet, bien souvent les accusés, non seulement les illettrés, mais ceux sachant lire, transforment leur acte d'accusation en cigarettes qu'ils fument de compagnie, oubliant, par un enfantillage impardonnable, d'y jeter même un regard. S'il connaissait cette circonstance, ce même juge dirait : « Eh bien ! tant pis pour eux, ils sont fautifs eux-mêmes s'ils ne veulent pas se servir des garanties d'un jugement équitable que leur accordent nos statuts humanitaires » et se tranquilliserait là-dessus. Mais ce n'est pas ainsi que la réalité se reflète dans l'âme d'un peintre, surtout dans celle d'un peintre de génie. Il la sent et la comprend telle qu'elle est et, pour lui, aucun règlement ni aucune forme de procédure ne peut lui cacher son véritable aspect. Aucun détail réel ne lui échappe et il connaît le milieu dans lequel, par devoir professionnel, se meuvent les juges du matin au soir, mieux qu'eux-mêmes. Le motif fondamental de la « Résurrection » consiste en ce que les juges et les autres fonctionnaires contemplent toutes choses à travers leur routine professionnelle et par cela même ont perdu la faculté de les voir sous leur véritable aspect. Le tribunal criminel est justement terrible parce qu'il accomplit des procédures et des règlements sans voir derrière eux l'individu vivant. Et certainement la critique de l'œuvre de Tolstoï basée sur l'application de cette routine est la moins heureuse.

« Manque de sens enfantin ! manque de sens « enfantin ! s'écrient ces juges avec reproche, « pourquoi donc messieurs les détenus n'en font-« ils preuve qu'envers les autres et non vis-à-vis « d'eux-mêmes ? »

Le 8 mars 1900 était entendue à la Cour d'assises de Kieff une affaire d'empoisonnement d'une partie de détenus, dont six étaient morts. L'empoisonnement provint de ce qu'en transportant des meubles du restaurant « l'Ermitage » (1) ils trouvèrent dans un bocal un produit vénéneux, préparé pour les souris, qu'ils prirent pour du fromage de Hollande et dont ils mangèrent. Le propriétaire du restaurant fut jugé pour détention imprudente d'un produit vénéneux et fut, il va sans dire, acquitté. Mais les juges se rendirent-ils compte de quel manque de sens enfantin ces adultes firent preuve à la vue d'une friandise, et combien il était injuste, lors de leur procès, de les juger pour leurs fautes et de les condamner à la prison ? Et quand ces individus reçurent la liste de leurs jurés, peut-on douter qu'ils n'en aient fait aussitôt du papier à cigarettes ?

Pour comprendre Tolstoï il faut s'éloigner du point de vue ordinaire bien en avant ou bien en arrière, de dix-neuf cents ans en arrière, mais seulement ne pas rester dans l'état d'esprit du bourgeois ne doutant pas que les bases de ses opinions actuelles sur les choses ne répondent à la réalité et sont inébranlables et que les discussions et les différends ne peuvent provenir que de particularités secondaires.

Quelque peine que se donnent les critiques portant le nom d'anciens juges ou autres de casser l'arrêt du tribunal dans l'affaire Maslow pour enfreinte aux formes et procédures judiciaires,

(1) En Russie, on loue souvent les détenus pour des travaux extérieurs, tels que déménagements, travaux de terrassement, etc. (Rem. du trad.).

ils ne démentiront pas le moindre détail du véridique et émouvant tableau de la condamnation de Catherine Maslow, étant non le résultat de l'application plus ou moins exacte de la procédure judiciaire, mais le fruit de l'indifférence et de la cupidité dans les rapports des hommes envers leur prochain, dont le représentant typique dans l'organisation actuelle est, pour Tolstoï, le tribunal criminel en général.

En Angleterre, par exemple, jusqu'à John Howard, on trouvait déplacé d'entrer dans l'appréciation et l'analyse des causes engendrant les épidémies mortelles dans les prisons et autres lieux de détention. On considérait cela comme déplacé parce que ces épidémies étaient attribuées alors à un fléau divin s'appesantissant justement sur ces pécheurs. Comme nous sommes déjà loin de ce point de vue en recherchant divers perfectionnements pour la ventilation des prisons et autres exigences d'hygiène afin de prévenir les tristes suites d'un régime forcé! Dans l'appréciation de ces suites, Tolstoï va certainement bien plus loin encore.

Pour Nekludoff, les cas d'insolation frappant les détenus pendant le trajet au lieu de leur déportation, par suite de ce qu'on les fait sortir sous les rayons d'un soleil ardent après être restés tout l'hiver enfermés, équivalent à un assassinat prémédité.

« Pourquoi et qui a-t-on tué ? lui demande sa sœur Nathalie Iwanowna entendant ses paroles :

« Ah ! ce que je viens de voir ! Deux détenus viennent d'être tués. »

« Les ont tués ceux qui les menaient de force » est sa réponse.

D'après sa conviction fondamentale, il voit la cause de ce meurtre non dans les sujets mais dans le système :

« Ce qui est le plus affreux c'est que l'on a tué
« un homme et que personne ne sait qui l'a tué.
« On l'a conduit, comme les autres détenus, sur
« l'ordre de Maslennikow. Celui-ci a probable-
« ment donné ses ordres habituels, a signé de son
« paraphe imbécile un papier à en-tête imprimé,
« et certainement ne se jugera en aucune façon
« coupable. S'en jugera encore moins le médecin
« de la prison qui a visité les détenus. Il a rempli
« ponctuellement son devoir, a mis de côté les
« faibles et ne pouvait prévoir ni cette chaleur
« étouffante ni qu'on les conduirait si tard et en si
« grand nombre. L'inspecteur ?... mais lui n'a
« fait qu'exécuter l'ordre qui lui était donné de
« faire embarquer, tel jour, tant de forçats, de
« déportés, d'hommes et de femmes. De même, ne
« peut être coupable le chef du convoi, dont le
« devoir consiste à recevoir un nombre déterminé
« de condamnés et à en remettre autant. Il menait
« son convoi comme il devait le faire et ne pouvait
« pas prévoir que deux individus aussi solides
« que ceux que vit Nekludoff ne supporteraient
« pas le trajet et mourraient en route. En un mot
« personne n'est coupable, et pourtant des hom-

« mes ont été tués et tués pourtant par ces mêmes « individus innocents de leur mort. »

Ces mêmes individus se comportent de la même façon à la mort des détenus. En contemplant au poste l'expression de bonté répandue sur la figure calme et sévère du second détenu, mort dans l'épanouissement de sa force, extraordinairement beau de visage et de corps, Nekludoff pensait :

« Ne parlant pas déjà, ce qui se voit sur ce « visage, de la possibilité d'une vie spirituelle qui « était anéantie dans cet homme, on peut voir par « la finesse des attaches de ses mains et de ses « pieds enchaînés et par les muscles de ses mem- « bres bien proportionnés quel bel animal humain, « fort et adroit c'était, et, comme animal, bien plus « parfait que cet étalon isabelle qui avait été « abîmé, ce qui fâchait tellement le chef des pom- « piers. Et pourtant on l'a épuisé et non seule- « ment personne n'en a eu pitié comme d'un « homme, mais nul ne l'a plaint comme bête « de somme inutilement perdue. L'unique senti- « ment que sa mort provoquait chez ces gens était « du dépit pour les embarras que causait la néces- « sité d'éloigner ce cadavre qui menaçait de se « décomposer. »

Bien des partisans de l'ordre actuel considéreront ces incidents d'étapes comme un mal inévitable avec lequel il faut se réconcilier au nom du but cherché par le système pénitentiaire. « Qu'y a-t-il de si important en effet dans la mort d'un ou de deux forçats ? Que faire ! diront-ils ». Mais pour

Tolstoï ces incidents prouvent que l'on se comporte de nos jours avec les criminels de la même façon primitive que dans l'antiquité.

Bien qu'ayant subdivisé cette justice en plusieurs phases distinctes, affirme-t-il, et confié chacune d'elles à des exécuteurs différents et qu'on pense avoir soi-disant changé dans sa substance le traitement infligé aux criminels se trouvant à présent entre les mains de l'autorité, par rapport à la façon dont auparavant les victimes se faisaient justice elles-mêmes, de fait on n'a réussi qu'à prolonger et disperser dans l'espace le même supplice. En réunissant en un seul les rayons dispersés maintenant à l'œil du commun, éclairant la justice criminelle, Tolstoï a représenté cette justice sous un aspect concentré par son sentiment individuel moral et l'on obtient le tableau des tortures primitives.

De nos jours on n'inflige plus la question à l'accusé pendant son interrogatoire à l'enquête, à l'aide de tenailles ou d'autres instruments de supplice, mais on soumet à la torture par la privation de liberté, par le régime forcé dans les prisons et autres lieux de détention, et c'est dans la sensation désagréable produite par ces mesures de répression qu'on voit le point capital du châtiment. Chacun est prêt à reconnaître que s'il était possible de trouver un moyen pour que le châtiment fît éprouver au criminel un sentiment de plaisir au lieu de celui de désespoir, on aurait aussitôt transporté le système pénitentiaire existant sur cette base opposée, mais que cela est tout à fait impossible à trouver comme étant contraire à la nature des choses et que les recherches mêmes d'un semblable moyen utopique devraient être considérées comme le fruit de la même aberration d'esprit qui fait rechercher aux mécaniciens autodidactes la découverte du mouvement perpétuel. Mais ceci n'est pas une objection pour Tolstoï qui s'est élevé au-dessus de nos horizons, car il se représente une organisation différente aussi clairement par la pensée que nous voyons effectivement celle d'à présent. En ce qui relève de ce domaine, l'œil de l'observateur placé dans l'avenir et contemplant le présent comme un passé, pourrait trouver pour ses opinions négatives des exemples convaincants pris dans notre passé, alors que semblaient impossibles les changements capitaux et les bouleversements qui pourtant, par la suite, furent parfaitement supportés par l'humanité.

Si nous prenions le traité publié à Iéna en 1756 par le juge du royaume de Saxe, Iéronime-Christophe Meckbach, qui contient l'explication et l'instruction scientifique et pratique dans le système de tortures à appliquer aux accusés, nous trouverions au paragraphe 5 un texte déclarant avec une foi inébranlable que : bien qu'il soit pénible et douloureux de soumettre un homme aux tortures (qui sont ici très minutieusement décrites) et qu'on pourrait délivrer une forte prime à celui qui découvrirait un supplice qui, tout en ne faisant pas souffrir l'accusé, le forcerait à entrer dans la voie des aveux pendant son interrogatoire, mais que ceci étant une utopie et un rêve aussi irréalisable que la découverte du mouvement perpétuel, le juge doit s'en tenir au système employé, c'est-à-dire à augmenter progressivement les souffrances, si des moindres n'obtenaient pas le résultat voulu (1).

On a presque vu dans l'œuvre de Tolstoï un pamphlet dirigé justement contre le tribunal russe, tandis que les opinions qu'il émet sur la justice criminelle moderne n'auraient pas changé s'il avait dépeint, au point de vue où il se place, un juge anglais ou de toute autre nationalité, ou la plus perfectionnée des prisons, même américaines avec éclairage électrique, ventilation automatique et autres accessoires de confort. On a même été tenté de voir chez lui une malveillance envers le monde de la magistrature. D'abord, il est en réalité fort éloigné de toute malveillance envers quelqu'un. Le moindre trait de sa colossale personnalité spirituelle et morale s'oppose à la possibilité d'avoir en soi un sentiment semblable envers qui que ce soit du monde qu'il dépeint. En second lieu, le peuple des fonctionnaires ne cède en rien, à ses yeux, au personnel judiciaire. Les fonctionnaires, par suite de leur devoir professionnel, deviennent impénétrables à tout sentiment humain

(1) Richard Wrede, *Die Körperstrafen bei allen Völkern von den älberten Zeiten bis auf die gegenwert*, pagès 331, 363.

« comme cette terre pavée l'est à la pluie » pense Nekludoff.

Tous ces serviteurs zélés ont en effet dans le roman comme des âmes pavées. Semblables à une terre recouverte de pierres ils perdent leurs qualités naturelles, cessant de les manifester alors qu'elles sont nécessaires et qu'on les recherche ». Pourtant si tous ces hommes, pensait Nekludoff, Maslennikoff, l'inspecteur, le chefs du convoi n'étaient ni gouverneur, ni fonctionnaire, ni officier, ils auraient réfléchi vingt fois avant d'envoyer des hommes par une si grande chaleur et en si grand nombre, vingt fois ils se seraient arrêtés en route et voyant qu'un individu faiblit, étouffe, ils l'auraient fait sortir des rangs, l'auraient conduit à l'ombre, l'auraient abreuvé, lui auraient permis de se reposer et quand un malheur serait arrivé ils auraient montré de la commisération. Ils ne le faisaient pas eux-mêmes et empêchaient aux autres de le faire parce qu'ils ne voyaient pas devant eux des hommes et leurs devoirs envers eux, mais seulement le service et ses exigences qu'ils plaçaient au-dessus des exigences des rapports humains. « — Selenine, Rogojinshi font l'impression d'âmes pavées par le principe du devoir professionnel : la formation progressive dans ce sens de l'âme de Selenine, sous l'influence de l'égoïsme masqué par quelques bonnes impulsions, est dépeinte par l'auteur en traits typiques d'une façon particulièrement minutieuse. Quant aux nombreux représentants du monde des fonctionnaires, qui figurent dans le roman, il se trouve que les individus occupant divers degrés dans la hiérarchie n'ont pas tous l'âme également cuirassée. Les fonctionnaires supérieurs de l'administration centrale dans les diverses chancelleries de la capitale, ont pour ainsi dire l'âme pavée de bois ou d'asphalte — c'est doux et uni mais compact, impénétrable, sans la plus petite fissure par où pourrait se faire jour la moindre impulsion vivante.

C'est leur voix à tous qui s'entend dans les paroles par lesquels le général gouverneur refuse à Nekludoff d'accorder à Marie Pawlowna la permission de demeurer auprès de Kryltzoff mourant, malgré le consentement de celle-ci à l'épouser afin de pouvoir rester auprès de lui. Au cours de cette conversation Nekludoff avoua au général que pour de l'argent on le laisserait pénétrer auprès des condamnés politiques :

« Je comprends, dit-il, que vous deviez agir ainsi. « Vous désirez voir un condamné politique, il « vous fait pitié. L'inspecteur ou le chef de con« voi acceptera votre argent parce que son traite« ment est infime, et qu'ayant une famille à nour« rir il ne peut refuser. Et à votre place et à la « sienne j'aurais agi comme vous et lui ! Mais à « mon poste je ne me permettrais pas de m'écarter « d'une seule ligne des prescriptions de la loi « justement parce que je suis homme et que je « pourrais me laisser aller à la pitié. Je suis exé« cuteur, on m'a accordé de la confiance sous

« différentes conditions et je dois être à sa hau- « teur ».

On a envie de demander à ce serviteur rigide, ce qu'il penserait du devoir professionnel, si l'on exigeait de lui toute absence de pitié envers son petit-fils et sa petite-fille, à cette magnifique paire de bébés que leur jeune mère, avec orgueil, montrait endormis à Nekludoff? Ou encore : est-elle contraire au devoir professionnel la pitié qu'inspire, par exemple, l'enfant qui, faute de place dans la maison d'étape, dort dans l'anti-chambre, vautré dans la bouillie liquide échappée de la cuve à vidange, sa tête innocente appuyée contre la jambe d'un détenu et dont le seul souvenir empêchait Nekludoff de dormir ?

Les fonctionnaires moins importants ont l'âme pavée plus grossièrement, comme qui dirait par des cailloux laissant entre eux des interstices par lesquels peut, plus tard, se faire jour une source vive. Rappelons-nous à ce sujet les premières lignes du roman :

« Malgré les efforts que se donnaient quelques « milliers d'individus, sur un petit espace de ter- « rain, pour défigurer le sol sur lequel ils se pres- « saient, en le recouvrant de pierres afin que rien « ne puisse y pousser, en arrachant la moindre « touffe d'herbe, en l'enfumant de houille et de « naphte, en abattant les arbres et chassant de « leurs terriers et de leurs nids les bêtes et les « oiseaux, le printemps restait printemps même « en ville ».

L'épisode de l'officier et du condamné portant dans ses bras sa petite-fille dont la mère était morte du typhus à Tomsk, peut servir d'exemple au plus grand manque de retenue mais à la plus grande condescendance aussi des autorités inférieures.

« L'excuse du condamné qu'il ne pouvait pas « porter l'enfant, ayant aux mains des menottes, « irrita l'officier qui était de mauvaise humeur et « il frappa le condamné qui ne s'était pas soumis « de suite. En face de ce dernier se tenaient un « soldat et un condamné trapu et barbu, une « menotte attachée à une seule main, qui jetait en « dessous de sombres regards, tantôt sur l'officier « tantôt sur le condamné et la petite fille. Un mur- « mure de plus en plus fort montait du groupe des « détenus.

« — Quand nous allions de Tomsk on ne nous « mettait pas de menottes, se fit entendre une voix « enrouée partant des derniers rangs.

« — Où doit-il donc laisser la fillette ? Ce n'est « pas une loi, ça ! dit encore quelqu'un. L'officier « se jeta sur le groupe comme s'il venait d'être « mordu. Qu'est-ce encore ? hurla-t-il, je te la mon- « trerai, la loi Qu'est-ce qui a dit ça ? Toi ? toi ?

« — Tous le disent, parce que... commença le « prisonnier trapu. Il n'eût pas le temps d'achever : « l'officier de ses deux mains venait de le frapper « au visage.

« — Vous vous révoltez ? Je vous apprendrai à « vous rebiffer. Je vous ferai tous fusiller comme

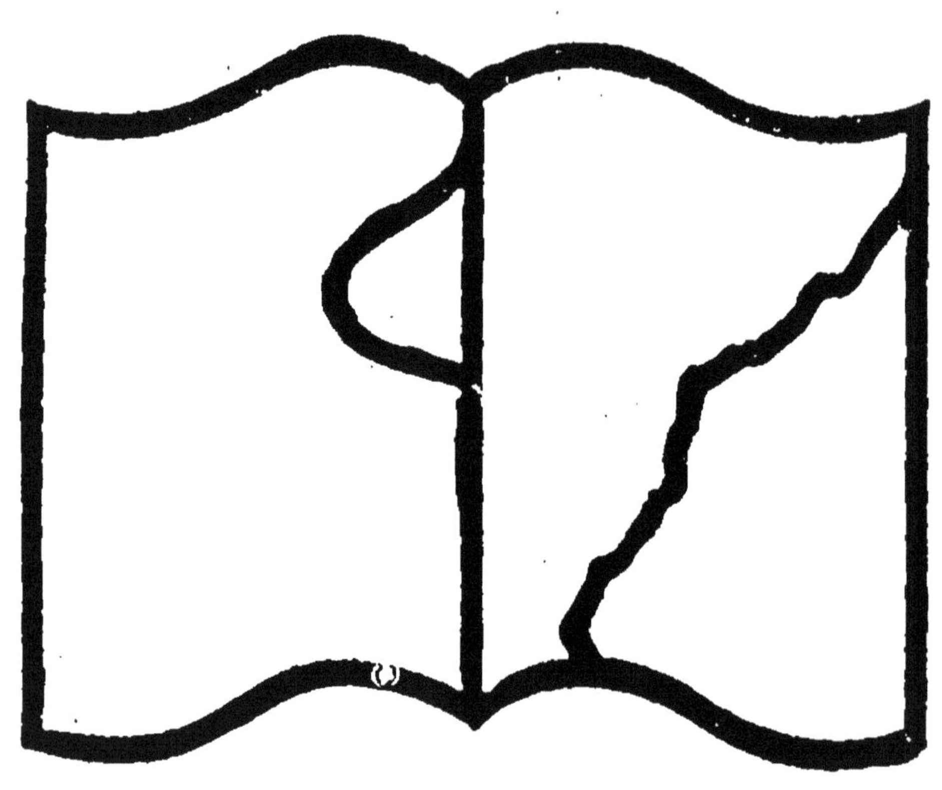

Texte détérioré — reliure défectueuse

NF Z 43-120-11

« des chiens enragés et mes supérieurs ne me
« diront que merci. Prends la petite fille.

« La foule se tut. Un soldat arracha l'enfant qui
« hurlait désespérément, un autre passa les me-
« nottes aux mains que le condamné tendait doci-
« lement.

« — Qu'on la donne aux femmes, ordonna l'offi-
« cier au soldat en rajustant son baudrier.

« La fillette cherchait à dépêtrer ses petites
« mains du mouchoir et continuait à hurler, le
« sang à la figure. Marie Pawlowna se sépara du
« groupe et s'approcha de l'officier :

« — Monsieur l'officier, permettez-moi de por-
« l'enfant, dit-elle. Le soldat portant la fillette
« s'arrêta.

« — Qui es-tu ? demanda l'officier.

« — Une condamnée politique, répondit-elle.

« Evidemment, la jolie figure et les beaux yeux
« de Marie Pawlowna agirent sur l'officier (il
« l'avait déjà remarquée à la réception). Il la regarda
« en silence semblant réfléchir.

« — Ça m'est égal, portez-la si vous voulez. Il
« est bien à vous de vous apitoyer ! Et s'ils s'éva-
« dent qui donc répondra d'eux ?

« — Comment voulez-vous qu'il s'évade avec
« une enfant ? demanda Marie Pawlowna.

« — Je n'ai pas le temps de discuter avec vous.
« Prenez-la si vous voulez ».

A la seconde étape, cet officier devient encore plus coulant.

« — L'officier a eu vraisemblablement honte

« cria Marie Pawlowna, du siège de la charrette « où elle était assise auprès de Kryltzoff malade, à « Nekludoff qui la dépassait en troïka, on a enlevé « les menottes à Bausovkine. Il porte lui-même sa « fille à présent ».

Cet épisode est aux yeux de Tolstoï une nouvelle confirmation de la cruauté du système pénitentiaire accomplissant aveuglément son œuvre sans remarquer à quelles contradictions avec leurs sentiments et leurs attachements naturels il amène les hommes. Les parents séparés de leurs enfants, le mari de sa femme, sont des suites tellement inévitables du régime forcé et nous y sommes si habitués que nous avons fini par perdre toute conscience de la barbarie que renferment ces mesures. Mais Tolstoï, lui, le ressent avec la liberté d'esprit d'un homme tombé parmi nous d'une autre planète. On ne peut pas dire que cette séparation des membres d'une famille soit un cas fortuit, distinct des graduations du châtiment établies par la loi. Voici à ce sujet un cas pris dans notre pratique judiciaire. Le 15 novembre 1896, la cour d'assises de Kieff arrêta le verdict que les jurés avaient rapporté aux époux Daschlewski. Le mari se voyait condamner à la déportation au gouvernement de Tomsk pour avoir abusé des capitaux confiés à sa garde. Sa femme fut reconnue sa complice et comme telle bénéficia de deux degrés dans sa condamnation, qui pour elle était la déportation au gouvernement d'Olonetz. Si le tribunal l'avait condamnée avec la même sévérité que son mari, elle serait restée auprès de lui dans l'exil, tandis que l'atténuation dont elle a bénéficié par la loi l'en séparait. Ils seront déportés tous les deux mais à plusieurs milliers de kilomètres l'un de l'autre. Et ceci est le résultat de l'indulgence du tribunal. Un fait semblable peut forcer n'importe qui à réfléchir sur les bases d'un système pouvant dans ses conséquences amener à un pareil résultat. Dans un problème d'arithmétique, par exemple, quand la solution est en contradiction avec la nature des choses, quand on obtient, disons, un nombre fractionnaire d'ouvriers ou de chevaux, on n'hésite pas pourtant à déclarer faussés les données du problème.

L'épisode rapporté plus haut, est pour Tolstoï, à l'égal des autres horreurs de la détention et de la déportation, le résultat de l'existence même d'un châtiment criminel. A ses yeux la peine par elle-même est le plus criant des crimes (1). Ce crime pourtant n'est pas semblable à ceux pour lesquels on juge les criminels, c'est le crime de toute une société. Arrivant à cette conclusion, Tolstoï, par

(1) On ne peut pas comparer cette déduction d'un sentiment attristé à la suivante, tirée des observations d'un caractère purement scientifique : une des plus grandes autorités modernes en matière de droit criminel, le professeur von List, affirme positivement, en se basant sur les données de la statistique allemande, que « nos punitions ne corrigent ni n'effrayent et n'ont « aucun pouvoir préventif, c'est-à-dire qu'elles n'arrêtent pas « l'attentat criminel, mais, au contraire, fortifient la plupart du « temps l'impulsion au crime » (*Journal du ministère de la justice*, juin 1900, p. 287).

les qualités de son âme pleine de pardon, voit également la cause de ce crime dans l'aveuglement des hommes : il existe une institution qui commet des cruautés criantes envers son prochain, sans qu'il se trouve de coupables directs.

Les romanciers et les dramaturges ont dû nous montrer l'âme individuelle de criminels, telle qu'à nos yeux, leur dépravation et leur cruauté devenaient fatales, de sorte qu'il ne pourrait être question de leur responsabilité dans le sens de l'application d'un châtiment criminel quelconque, tels sont, par exemple, de types différents, mais sous ce rapport également irresponsables : Macbeth, Richard III, Moor, Raskolnikoff. Tolstoï a su faire la même chose concernant le système pénitentiaire criminel, mais avec cette différence que figure l'aveuglement non d'une âme individuelle mais de l'*âme collective* d'une société entière. De même que les romanciers et les dramaturges nous ont montré jusqu'à présent leurs héros criminels victimes d'inclinaisons égoïstes et d'intérêts personnels, Tolstoï dépeint la justice criminelle dans sa substance comme une triste et cruelle protection de la part de la société, des tendances et des sentiments égoïstes du citoyen. Cette institution sociale, soi-disant destinée au bien public et à la protection de la sécurité dans la vie commune, est de fait l'apothéose de l'égoïsme et de l'endurcissement moral. Cette institution non seulement engendre les tendances égoïstes mais elle est leur pépinière ; elle élève à la hauteur d'une institution organisée cet intérêt à son prochain qui consiste dans le désir de se venger de son offenseur — intérêt provenant aux dépens de l'intérêt à un autre prochain dans les malheurs, les souffrances et l'ignorance duquel se cache la cause de sa criminalité — cet intérêt enfin qui est inspiré uniquement par les motifs égoïstes de sauvegarder, coûte que coûte, sa sécurité personnelle.

Dans ses recherches de la régénération et du salut de l'humanité, Tolstoï a concentré toutes les forces de son intelligence et de son cœur plein d'amour sur cette institution dont l'existence seule exclut pour lui des rapports normaux entre les hommes. Le tribunal criminel est une institution unique en son genre, principalement sous ce rapport, que, parmi les autres institutions législatives et administratives, seul le tribunal criminel tend à agir directement sur l'éducation même des sentiments sociaux du citoyen, c'est-à-dire sur la répression des impulsions d'un caractère personnel en faveur des intérêts communs ; les autres institutions n'aboutissent à ce résultat que par des voies détournées. Il en résulte qu'elle élève à la hauteur de dogmes ce qu'elle est destinée à abolir. De cette façon, le système pénitentiaire tel qu'il existe aujourd'hui, se trouve être au point de vue de Tolstoï « non seulement une institution malheureuse, demandant à être reformée, un appareil inutile au même rang que les autres, mais une institution de suicide, dont la seule existence exclut, à son opinion, la possibilité d'une base morale dans ses rapports sociaux. Certainement l'idée de Tolstoï comme réformateur n'est pas d'abolir violemment le système pénitentiaire existant, mais elle consiste à éclairer l'humanité sur ses fautes, car, sans un renoncement conscient et volontaire de ces fautes pour l'amour sincère et la commisération envers son prochain, il n'y a pas de salut pour elle. Les hommes doivent cesser individuellement et socialement de se juger les uns les autres. Cela ne veut pas dire qu'ils ne doivent pas analyser leurs actes et leurs impulsions réciproques ; au contraire, c'est cela qui doit grandir et s'approfondir. Dans ce sens, les hommes doivent juger et être jugés plus qu'auparavant. Seulement il ne faut pas juger pour accuser, mais pour se comprendre mutuellement et s'entr'aider. Le principal n'est pas de pardonner mais de comprendre chaque faute. Ce bouleversement ne peut être atteint certainement par une révolution dans le sens de la mise à bas violente de l'ordre social et politique existant, mais par une révolution dans la manière de voir les choses, en éclairant l'intelligence et le cœur et en les dépouillant de toute déraison et de toute haine. Pour cela il ne faut pas s'écarter de ceux que nous accusons, ne pas s'en garantir par des verrous, mais au contraire se rapprocher d'eux, pénétrer dans leur milieu avec des sentiments d'intérêt non simulé. C'est par les qualités spirituelles de la pitié et du désintéressement qu'il faut prendre le dessus sur les intérêts corporels nourrissant la haine et la vengeance : c'est en cela que consiste la *Résurrection*.

Il est intéressant de constater la similitude d'âme prédicatrice qui existe entre Tolstoï et le philanthrope des prisons John Howard, vivant au siècle dernier. Comme puritain, Howard ne pouvait supporter les profanations auxquelles, d'après son opinion, la religion chrétienne était soumise en Italie par la mise en scène et les formes rituelles. Pendant les dernières années de sa vie, il se nourrissait exclusivement de végétaux, s'abstenait de vin et de toutes liqueurs fortes. Il était également ennemi des prétentions des sciences exactes (des recherches géologiques, par exemple), trouvant qu'elles détournent les hommes du droit chemin de la morale chrétienne. Enfin, comme pour augmenter la ressemblance, on possède dans la biographie d'Howard le détail suivant : comme puritain, il composait comme ses ancêtres son « covenant » c'est-à-dire la condition solennelle de sa soumission à Dieu. Il le renouvela et le contresigna pour la dernière fois en 1789, à Moscou.

Ce n'est donc pas en vain que la comtesse Tscharsky rencontre Nekludoff par cette remarque plaisante : « Vous posez pour un Howard ».

Au sujet du principal ouvrage de Howard : *The State of prisons in England and Wales* paru en 1777, Spassowitsch dit ce qui suit : « Cette « œuvre est des plus remarquables en son genre ; « c'est une des principales productions du « XVIIIe siècle, c'est le travail d'un auteur qui « n'était ni un savant ni un littérateur.

« Jamais encore un livre purement descriptif,

« rempli de données statistiques, objectif comme « un rapport, évitant toute expression de senti« ments personnels, n'a eu en Angleterre un succès « pareil, non parmi les spécialistes mais parmi le « public. Il a justement mérité son succès par son « extraordinaire simplicité : on sent, en le lisant, « la véracité des points décrits ». Et plus loin : « l'exemple de Howard est cher, parce qu'il montre « ce que peut faire quelquefois un simple parti« culier, sans aucun caractère officiel ni pouvoir, « par sa propre initiative, quand il travaille obsti« nément au bien ».

Cette œuvre, de même que les autres ouvrages de Howard sur le même sujet, ont eu une grande importance et une influence pratique fondamentale sur la question des prisons. Mais, comme on le voit, son genre d'analyse et de propagande, et principalement son point de vue fondamental sur la justice du châtiment en général (1) n'ont pu épuiser la question, et c'est à cause de cela que plus d'un siècle après pouvaient exister dans une contrée civilisée, les formes de détentions et les traitements infligés aux criminels dont Tolstoï nous fait le tableau. C'est là que le procédé littéraire, avec son abondance de sentiments personnels forçant, pour ainsi dire, le lecteur à éprouver lui-même les sentiments dépeints, est incommensurablement plus fort et plus

(1) Jamais, dit à ce sujet Spassowitsch, « il ne s'est posé la question de la raison logique du droit de punir. A ses yeux le châtiment n'a pas besoin de preuves, il entre comme partie intégrante dans l'ordre établi par Dieu ».

onvaincant, surtout à la limpidité d'âme, la sincérité et la véracité de notre auteur. Un grand artiste seul pouvait nous forcer à aimer un individu dans la camisole d'un forçat.

On a beaucoup parlé et on parle encore de l'infertilité et de la cruauté du châtiment. Tolstoï éclaire nouvellement la question en liant cette infertilité et cette cruauté au fond même du *procès criminel*. Les anciennes vérités mêmes en ont reçu une évidence toute nouvelle. Les idées de Tolstoï concernant le procès criminel nous semblent étranges au point de vue de l'opinion générale : que le procès est le résultat d'une lutte entre la société et le criminel, et qu'une lutte ne peut avoir lieu autrement. Mais ici encore nous devons rappeler que le point de vue admis n'est pas un exemple pour Tolstoï ; qu'il pense et principalement qu'il sent les conditions et les rapports complétement en dehors de l'admission générale, si seulement ils concordent avec les exigences de la bonté d'âme. A toute représentation et à toute idée d'une justice autre que celle existant de nos jours, s'oppose la persuasion que la soif de vengeance pour l'offense reçue, se manifestant sous la forme de telle ou telle souffrance à infliger à l'offenseur, est propre à l'homme et que, pour cette raison, la nécessité d'un châtiment est comme qui dirait un des piliers soutenant l'alliance sociale, autant qu'elle veut satisfaire à sa destination. Pour Tolstoï ce pilier est loin d'être nécessaire et le besoin de faire souffrir l'offenseur n'est nullement une propriété de la nature humaine. A l'appui de ce rapport négatif au châtiment il est opportun de rappeler ici un renseignement anthropologique :

L'explorateur Krantz qui, au siècle dernier, avait vécu assez longtemps parmi les Samoyèdes Groenlandais, raconte que chez ce peuple, les différends se vidaient à cette époque par des danses et des chansons, ce qui était appelé « le duel aux chansons ». Quand un des naturels se sentait offensé, il ne laissait voir ni haine ni dépit et encore moins cherchait-il à se venger, mais en échange il se mettait à composer une chanson satirique sur le compte de son offenseur et répétait cette chanson accompagné de danses devant les siens jusqu'à ce que tous la sussent par cœur. Alors il envoyait un défi à son adversaire en le provoquant non par les armes mais par des chansons.

L'adversaire se rendait à l'endroit indiqué et se plaçait su milieu du cercle formé par les assistants. Alors l'accusateur, s'accompagnant d'un tambour, chantait sa satire dont les dernières strophes étaient reprises en chœur par ses proches. Il disait dans cette satire toutes sortes de vérités à son adversaire sous une forme plaisante qui faisait se tordre de rire les spectateurs.

L'épigramme terminée, l'adversaire s'avançait à son tour et, soutenu par les rires des siens, il répondait aux attaques également par une chanson dans laquelle il tournait l'accusateur en ridicule.

Ce dernier recommençait de la même façon et ce manège durait jusqu'à ce que l'un des adversaires se trouvât incapable de répliquer. Les assistants félicitaient alors le vainqueur et le couronnaient de laurier, après quoi les adversaires redevenaient amis. Cette forme originale de jugement pratiquée dans la partie orientale du Groenland a été confirmée, il n'y a pas longtemps, par Nansen, qui regrettait que les missionnaires catholiques aient aboli cette coutume dans la partie occidentale de la contrée. Cette façon de trancher un différend nous semble évidemment incroyable, une fantaisie propre, non à des hommes normaux, mais à des êtres abâtardis, grelottant dans les neiges et les glaces du cercle arctique.

Il se trouve pourtant qu'on a constaté la même forme de duels aux chansons chez les anciens habitants de l'Arabie, c'est-à-dire dans les tropiques (1).

Il ne faut pas conclure, par conséquent, par les sentiments seuls des contemporains, de ce qu'est capable la nature humaine.

Les généralisations dans le domaine du châtiment criminel, basées sur les seuls traits de l'organisation moderne, seraient d'autant moins exactes qu'il appert de l'histoire du droit criminel chez tous les peuples civilisés modernes, que partout après la vengeance sanglante, survenait toujours une période ainsi nommée de compositions, de rachat, quand le sentiment de l'offensé et de ses proches, ainsi que celui de l'autorité sociale

(1) S. R. Sheinmetz. « Ethnologische Studien zur ersten Entwiesslung der Strafe », vol. II, pages 69, 70.

recevait une entière satisfaction par le paiement d'une amende, sans aucune souffrance pour l'offenseur, quand il existait un tarif pour les différents genres de crime, et que le paiement d'après ce tarif figurait au jugement à la place de la vengeance sanguinaire.

On entend bien souvent cette objection à l'abolition du châtiment criminel : « Par quoi donc le remplacer » ? Au point de vue où se place Tolstoï, cet argument ne mérite aucune attention : si l'on remarquait, par exemple, que la quinine, qu'on administre comme fébrifuge, ne réagit pas dans l'organisme, contre la maladie, mais au contraire l'augmente, se trouverait-il quelqu'un qui affirmât qu'il faille continuer à donner ce médicament contre la fièvre, jusqu'à ce qu'on ait découvert un autre moyen de combattre cette maladie ? Enfin il faut avoir en vue que les regards de Tolstoï sont portés à présent, en parlant au figuré, non autant sur le fait : un homme peut-il arriver à tomber dans un état dans lequel il est capable de tuer son semblable, que sur celui : combien est anormale envers leur prochain, la situation d'individus ordonnant : « tuez, tuez-le ! »

Prenant tout ceci en considération et se fiant au flair de Tolstoï pour discerner ce qui est propre à la nature humaine, saine et vivante et ce qui ne l'est pas, on est forcé de reconnaître que par son sermon pour la défense des condamnés, il ait produit un bouleversement vivifiant dans la question du châtiment.

Il a fait davantage par son roman que les cours les plus humains de juridiction des prisons et que les congrès pénitentiaires les plus fréquentés : il a fait sentir que doivent chercher à se corriger d'abord ceux qui se chargent de corriger les autres. Que la cause du crime n'est pas dans la mauvaise volonté du criminel, comme on le croyait jusqu'ici et que la correction des criminels ne doit pas consister seulement à leur causer des souffrances — ce sont des choses reconnues à présent par tout le monde. On cherche à atteindre les nouveaux buts découverts sous cette influence par l'organisation de pénitentiaires perfectionnés. Tolstoï, lui, a choisi cette question d'un autre côté et a fait sentir palpablement que la cause du mal n'est pas là où on la cherche, mais que l'insuccès de la lutte contre lui est la suite fatale de sa fausse direction. Le centre de gravité n'est pas dans la façon plus ou moins efficace avec laquelle agit le châtiment sous ses différentes formes, mais dans l'impression morale qu'il produit sur ceux qui y condamnent et qui l'appliquent. Ces derniers doivent se corriger eux-mêmes avant de corriger les autres, ils doivent, pour ainsi dire, envoyer préalablement leur conscience dans un pénitentiaire avant de s'accorder le droit de soumettre par la force leurs semblables à diverses privations dans le but de les corriger. A cela est diamétralement opposé l'état d'esprit du président dans l'affaire Maslow, se préparant à la session, quand, faisant des haltères dans son cabinet, et avant le moulinet final, il pense avec une entière satisfaction en touchant de sa main gauche le biceps tendu de son bras droit « que rien ne soutient comme les douches et la gymnastique ».

Ce sont les sentiments qui font avancer l'histoire et non l'intelligence Eduquer ces sentiments, leur donner une nouvelle direction et de nouveaux aliments — voilà la plus grande des missions. Dans ce sens, l'influence de la *Résurrection* est immense

Il suffit déjà que sous cette influence, personne, et ceci est certain, ne puisse sans torture morale, voir passer devant soi, dans un cliquetis de chaînes, de menottes et d'autres accessoires, un convoi de détenus ou de déportés. Le sentiment général sera celui qu'éprouvait l'enfant assis dans la calèche retenue par le convoi des prisonniers traversant Moscou, quand, sous l'impression insurmontablement pénible de ce qu'il voit, il sent « ses lèvres se gonfler » ; il deviendra général mais sans la confusion qu'éprouvait l'enfant et qui lui faisait retenir ses larmes « pensant qu'il est honteux de pleurer dans « cette circonstance ». Auparavant ce spectacle faisait également éprouver une confusion morale chez les passants, mais dans laquelle prédominait la curiosité ; tandis qu'à présent chacun fermera involontairement les yeux comme en sentant peser sur soi la responsabilité de cette horreur. La nausée morale se transformant en dégoût physique que Nekludoff éprouvait dans la prison, aux étapes, etc., sera ressentie à présent par tout le monde. Ceci est déjà une des plus grandes réponses obtenues, celles que peut créer la vie sous cette influence ont ici une signification secondaire. Ce qui existe ne doit plus exister, ce qui le remplacera est une autre question (1). Le but principal du livre de Tolstoï est d'éveiller les bons sentiments parmi les hommes. Sous ce rapport les inexactitudes séparées dans l'horizon de l'auteur, qu'il renferme même des fautes ou des erreurs, ne diminuent en rien le côté moral de l'ouvrage. Ce dernier livre a montré de nouveau que dans l'art d'éveiller la pitié, l'amour et principalement des impulsions et des aspirations morales bienfaisantes Tolstoï n'a pas son égal. En le lisant, ce qui ne se remarque chez aucun autre écrivain, le lecteur lui-même se sent devenir meilleur au fur et à mesure de la lecture.

La dernière page du roman porte cette inscription : « Moscou, le 12 décembre 1899 ».

Il semble que dans le sens indiqué on ne puisse ne pas reconnaître que cette œuvre de Tolstoï, que la Russie peut avec un juste orgueil appeler sienne, est un des plus remarquables sinon le plus remarquable livre du XIXe siècle.

(1) Nous possédons de nos jours des œuvres scientifiques se rapportant d'une façon absolument négative au système pénitentiaire existant, comme par exemple, l'analyse fondamentale du professeur Vargui, en 2 volumes parus en 1896-1897 : « Zur Abschaffung der Strafknechtschaft » qui exige l'abolition immédiate du châtiment et son remplacement par un système de curatelle spécialement organisée.

LAVAL. — IMPRIMERIE L. BARNÉOUD & Cie.

LAVAL. — IMPRIMERIE L. BARNÉOUD & Cie

www.ingramcontent.com/pod-product-compliance
Ingram Content Group UK Ltd.
Pitfield, Milton Keynes, MK11 3LW, UK
UKHW020200200726
13856UKWH00003B/1106